Tanis Helliwell

DIE HOHEN WESEN VON HAWAII

Begegnungen mit geistigen Ahnen

Aus dem kanadischen Englisch übersetzt von Monika Bernegg

Bücher haben feste Preise.
1. Auflage 2019

Tanis Helliwell
Die Hohen Wesen von Hawaii

Der Titel des englischen Originals lautet »The High Beings Of Hawaii«.
Übersetzt aus dem kanadischen Englisch von Monika Bernegg.

Titelseite:
Foto: Maridav, pixaroma (Masken),
beide shutterstock.com
Gestaltung: Dragon Design, GB

Lektorat: Andreas Lentz

Satz und Gestaltung:
Dragon Design, GB
Gesetzt aus der Galliard

Gesamtherstellung: Appel & Klinger, Schneckenlohe
Printed in Germany

ISBN 978-3-89060-724-5

Neue Erde GmbH
Cecilienstr. 29 · 66111 Saarbrücken
Deutschland · Planet Erde
www.neue-erde.de

Lob für
Die Hohen Wesen von Hawaii

»Tanis bietet unseren hawaiianischen Ahnen die Gelegenheit, zu mehr Menschen zu sprechen. Sie macht das mit Humor und Ehrerbietung und erfasst in ihrer Geschichte die Essenz unserer Ahnen.
mahalo ke akua
mahalo na amakua
mahalo na kupuna o kahiko
me kealohapumehana
– was bedeutet Dank an die Götter, Dank an die Ahnen, Dank an die Familienahnen aus alter Zeit, mit Liebe und einem herzlichen Aloha.

Kimokeo Kapahulehua, Gründer der
»Kimokeo Foundation preserving Native Hawaiian Culture«

»Die Mystikerin und großartige Erzählerin Tanis Helliwell berichtet ausführlich über die verschiedenen Arten von Ahnen, sowohl die physischen als auch die geistigen, und in welcher Beziehung wir zu ihnen stehen. In der Beschreibung ihrer Abenteuer auf den hawaiianischen Inseln gelingt es ihr, die Essenz dessen, um was es bei den geistigen Ahnen geht, zu erfassen. Sie verwebt faszinierende und bezaubernde Geschichten über ihre Begegnungen mit den verschiedenen dort lebenden uralten Ahnen. Das Buch ist eine entzückende und unterhaltsame Lektüre.«

Dr. Steven Farmer, Autor von
Healing Ancestral Karma und *Earth Magic*

»Tanis ist und bleibt eine Anregung für all jene, die die Grenzen von Raum und Zeit in Frage stellen. In Die Hohen Wesen von Hawaii wagt sie sich mutig in die mystischen Reiche vor, um zu erleuchten und zu inspirieren. Das Buch ist eine wunderbare Geschichte mit Herz, Geist und Verstand. Ein fesselndes Lesevergnügen einer ganz anderen Art.«

Barry Brailsford MBE, Archäologe und Ältester des
Maniopoto-Stammes von Neuseeland,
Autor von *Song of the Old Tides* und *Wisdom of the Four Winds Cards*

»Das Wort Ahnen ist eine ziemlich weitgefasster Begriff, den indigene Völker gut verstehen. Wir Menschen aus dem Westen erfassen nicht wirklich, was mit Ahnen gemeint ist. Doch wenn es uns schließlich gelingt, öffnet das unseren Geist und unser Herz für die großartigen Helfer, die sich uns zur Verfügung stellen ... und sie möchten gerne von uns einbezogen und erkannt werden, denn sie haben eine gewaltige Aufgabe zu erfüllen. Unsere Erde wäre ein trauriger Ort ohne ihren Beistand. Ich empfehle Die Hohen Wesen von Hawaii wärmstens jedem, der die Erde und ihre multi-dimensionalen Wesen, die auf ihr leben, besser verstehen möchte.«

Alice Friend, Künstlerin, Musikerin und Schamanin

DANKE an die Ahnen

MAHALO NUI LOA

INHALT

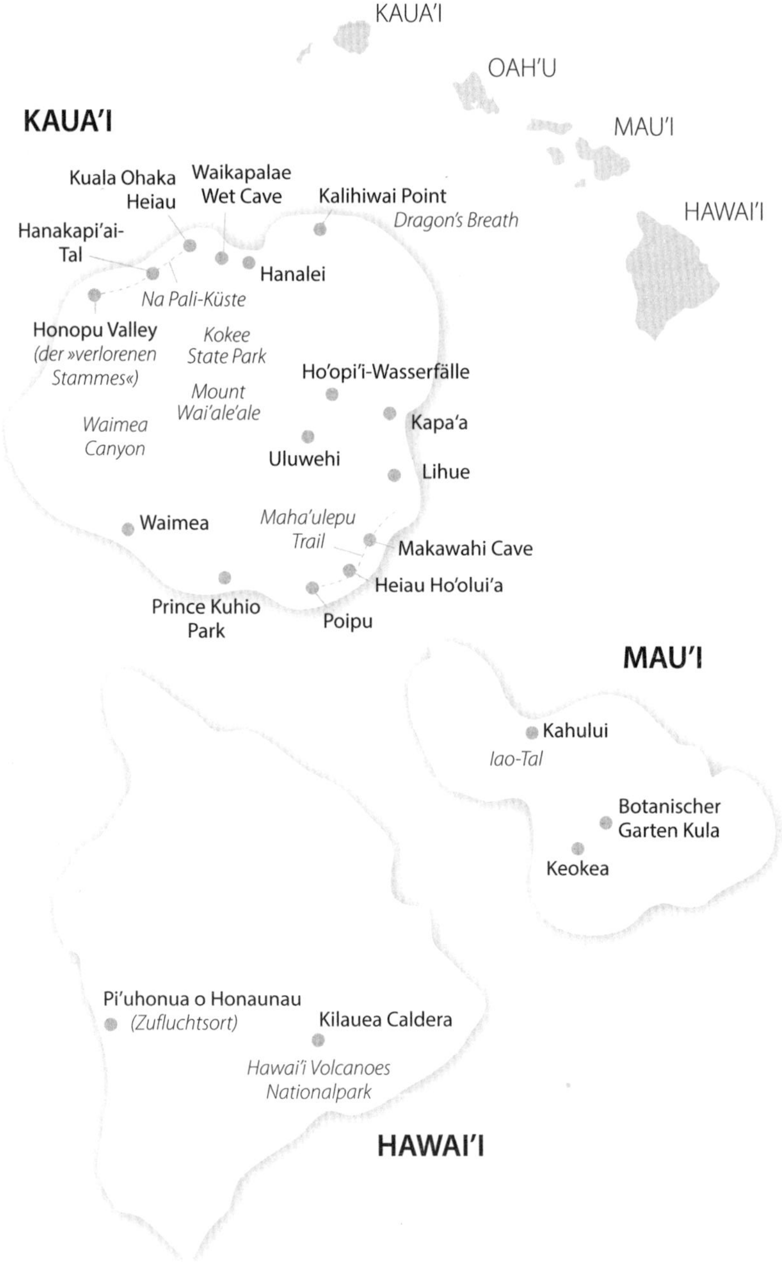

KAUA'I

OAH'U

MAU'I

HAWAI'I

KAUA'I

Kuala Ohaka Heiau

Waikapalae Wet Cave

Kalihiwai Point

Dragon's Breath

Hanakapi'ai-Tal

Hanalei

Na Pali-Küste

Honopu Valley

(der »verlorenen Stammes«)

Kokee State Park

Mount Wai'ale'ale

Ho'opi'i-Wasserfälle

Kapa'a

Waimea Canyon

Uluwehi

Lihue

Waimea

Maha'ulepu Trail

Makawahi Cave

Heiau Ho'olui'a

Prince Kuhio Park

Poipu

MAU'I

Kahului

Iao-Tal

Botanischer Garten Kula

Keokea

Pi'uhonua o Honaunau

(Zufluchtsort)

Kilauea Caldera

Hawai'i Volcanoes Nationalpark

HAWAI'I

EINFÜHRUNG

Dieses Buch handelt von unseren Ahnen, weniger von unseren biologischen, sondern mehr von unseren geistigen Ahnen. Sie leben auf anderen Ebenen und übermitteln uns ihre Botschaften – wenn wir dafür empfänglich sind. Ich selbst kann schon mein ganzes Leben lang Wesenheiten in anderen Dimensionen wahrnehmen und mit ihnen kommunizieren. Trotzdem war ich auf die Erfahrungen, die mich auf Hawaii erwarteten, in keiner Weise vorbereitet. Wie schon bei früheren bedeutsamen Ereignissen, war es auch diesmal mein ungewöhnlicher Freund, der mich verleitete. Ich stelle ihn einmal vor:

Das erste Mal begegnete ich Lloyd, wie »The Man« sich selbst nennt, vor über zwanzig Jahren in einem alten Cottage in einem abgelegenen Teil Irlands. Es hieß von diesem Cottage, dass dort »Feen umgehen«. Lloyd gehört zu einer Gruppe von Elementarwesen – das sind Naturgeister wie Gnome, Elfen, Feen und Leprechauns –, die sich dafür einsetzen, in Zusammenarbeit mit Menschen eine schöne Erde zu erschaffen; eine Erde, die sich in Harmonie mit den natürlichen und spirituellen Gesetzen befindet. Er bat mich, ein Buch über unsere gemeinsamen Erlebnisse zu schreiben (*Elfensommer);* dadurch sollten mehr Menschen dafür gewonnen werden, sich diesem großartigen Vorhaben anzuschließen. Seit dieser Zeit hat er mich immer wieder zu Begegnungen mit Elementargeistern und anderen »unsichtbaren« Wesen der unterschiedlichsten Art auf der ganzen Welt ermutigt. Und immer hat er mich gebeten, ihre Botschaften an die Menschen aufzuschreiben und weiterzuverbreiten.

Für den Fall, dass dies alles schwer zu glauben ist und höchst seltsam klingt, kann ich euch beruhigen: Ich fahre Auto, bezahle Steuern und halte seit dreißig Jahren international Seminare – und zugleich bin ich eine Mystikerin. Vielleicht fragt ihr euch, was das bedeutet, denn es ist ein vager Begriff, der heutzutage vielfältig verwendet wird. Manche Menschen singen oder tanzen wunderbar, spielen Tennis oder sind gut im Umgang mit Computern – nichts davon gehört zu meinen Talenten.

Für mich bedeutet, Mystikerin zu sein, dass ich Wesen auf Ebenen sehen und hören kann, derer sich die meisten nicht bewusst sind. Obwohl ich selbst diese »Gabe« von Kindheit an besitze, kann man diese Eigenschaft auch entwickeln, und zu meiner Lebensaufgabe gehört es, anderen dabei zu helfen.

Es ist wunderbar, so etwas mitzuerleben. Sind wir für die Möglichkeit offen, dass es andere, von Elementarwesen, Engeln und Ahnen bevölkerte Ebenen gibt, dann öffnet uns die geistige Welt die entsprechenden Türen, so dass wir diese Dimensionen selbst erfahren können. Wir bewegen uns freier in den höheren Frequenzen der astralen Welt, und die Synchronizitäten häufen sich. Das schenkt uns Klarheit über unsere Bestimmung und darüber, was unser eigener Beitrag zum Netz des Lebens sein kann.

Während eines Urlaubs auf Hawaii durfte ich selbst erleben, wie sich in meinem Leben eine wichtige Tür öffnete. Ganz unerwartet erschien mein Leprechaun-Freund und stellte mich den *Menehune* (sie gelten als Elementargeister von Hawaii) und den *Mo'o* vor, den geheimnisvollen, drachenähnlichen Wesen aus den Mythen. Diese Wesen sind so real wie du und ich, und es ist uns bestimmt, die Ebenen, auf denen sie leben, in sehr naher Zukunft kennenzulernen. Sie baten mich, diesen Bericht zu schreiben, der tatsächlich eher eine Einladung ist, damit auch in euch eine Verbindung zu euren biologischen und geistigen Ahnen geknüpft werden kann. Darüber hinaus wird hoffentlich deutlich, dass die Ahnen immer bei uns sind; sie unterstützen und führen uns. Natürlich könnt ihr euch vorstellen, dass diese Geschichte, mit einem gewitzten Leprechaun als Reiseführer, voller Überraschungen ist. Ich lade euch ein: Kommt mit mir in diesen »Urlaub«, in dem alles auf den Kopf gestellt wird, und trefft Lloyd, die Menehune und die Mo'o – und lasst euch auf eine Begegnung mit diesen uralten Ahnen ein.

»Das gewöhnliche astrale Universum … ist von Millionen von Astralwesen bevölkert, die vor kürzerer oder längerer Zeit von der Erde gekommen sind, sowie von Myriaden Feen, Wassernixen, Fischen, Tieren, Kobolden, Gnomen, Halbgöttern und Geistern, die alle – je nach ihrer karmischen Beschaffenheit – auf entsprechenden Astralebenen wohnen.«

Botschaft an Paramahansa Yogananda
von seinem auferstandenen Meister Sri Yukteswar
in *Autobiographie eines Yogi*

TEIL 1

BEGEGNUNG MIT MYTHISCHEN WESEN IM LAND IHRER AHNEN

Wenn du in Kanada lebst, können die Winter sehr lang sein und einen ganz schön auslaugen. Darum liebe ich es, den Zugvögeln gleich, in sonnigere Gefilde zu entfliehen. Es ergab sich, dass ich im Januar zwei Wochen frei hatte, und mit etwas Glück fand ich an der Südküste von Kauai, einer der Inseln von Hawaii, eine Unterkunft.

Mein Partner Simon und ich waren erst ein paar Tage da und hatten gerade den Jetlag überwunden, ein paar Lebensmittel eingekauft und unsere Badesachen ausgepackt, als unsere Pläne durchkreuzt wurden. Da lag ich faul auf der Veranda, nippte an meinem Morgentee und studierte Broschüren mit Freizeitangeboten. Die Vögel zwitscherten, das Wasser des Ozeans glitzerte verlockend, und die Welt war in Ordnung – als auf dem Liegestuhl mir gegenüber Lloyd, mein Leprechaun-Freund, erschien.

Für einen Leprechaun ist Lloyd ziemlich groß, etwa einen Meter und zwanzig. Heute war er barfuß, trug grüne Shorts (seine Lieblingsfarbe) und ein leuchtendes Hawaii-Hemd voll mit sich bewegenden Fischen und Blumen. Ja, ich sagte »sich bewegend«, denn wie alle Elementargeister ist Lloyd den Menschen in der Kunst des Manifestierens weit voraus. Also schwammen Fische auf seinem Hemd, und Blumen wiegten sich und verströmten den süßen Duft von Frangipani.

»Nun, da du deinen Urlaub hattest, möchte ich dich gerne mit den Menehune und noch einer Gruppe bekanntmachen«, sagte er und faltete die Hände über seinem runden Bauch.

Ich versuchte, meinen Blick von seinem hypnotisierenden Hemd loszureißen und entgegnete: »Moment mal! Keineswegs ›hatte‹ ich meinen Urlaub schon, und ich habe auch nicht vor, in den Ferien zu arbeiten.«

»Wann hast du deine Zeit mit mir jemals als ›Arbeit‹ empfunden?« fragte mein Freund mit hochgezogener linker Augenbraue.

»Okay, aber immer, wenn ich die Ehre habe, deine Freunde zu treffen, willst du, dass ich darüber ein Buch schreibe – und das *ist* Arbeit«, sagte ich, den Blick unverwandt auf meine Broschüren geheftet.

»Gut, einverstanden«, lachte er. »Auch ich habe vor, hier Urlaub zu machen – plus ein bisschen Lernen –, und ich kann dir eine ganze Menge interessanter Erfahrungen versprechen. Also, was meinst du?«

»Mhm. Vielleicht würde es nicht schaden, wenn du mir ein bisschen mehr erzählst? Die Menehune sind die Elementarwesen (Lloyds Wort für Naturgeister) von Hawaii, nicht wahr?« antwortete ich, gleichmütig an meinem Tee nippend.

»Das sagen die Leute, doch die Sache ist wesentlich vielschichtiger. Außerdem ist es wichtig, keine vorgefassten Konzepte über Menehune zu haben. Die zweite Gruppe, mit der ich dich bekanntmachen möchte, ist etwas ganz Besonderes und sehr mächtig; sie hat nur wenig Kontakt zu Menschen.«

»Wer sind sie?« – Und schon hatte ich den ausgeworfenen Köder geschluckt.

»Nicht so schnell«, antwortete Lloyd, langsam die Leine einholend. »Ich möchte, dass du unvoreingenommen bist, wenn wir auf diese Gruppe treffen.«

»Solange immer noch klar ist, dass ich Ferien mache, hätte ich nichts dagegen, mit dir zu kommen… aber nur, wenn es Spaß macht.« Zarte Ukelele-Musik erklang von Ferne und stimmte mich nachgiebiger.

»Keine Sorge, auch ich kann wirklich Ferien gebrauchen«, versicherte Lloyd – und zog den Fisch an Land.

Mit einem einnehmenden Lächeln beugte er sich vor: »Der einzige Ort, an dem wir mit unserem Ausflug beginnen können, ist das heilige Wailua-Tal. Es ist als der uralte Pfad bekannt, auf dem die Götter zu jenen Menschen kamen, die als erste auf den Inseln Hawaiis siedelten. Wir werden den Wailua River hinaufpaddeln, auch ›Fluss der Träume‹ genannt. – Also dann bis morgen, in aller Frühe.«

Mit diesen Abschiedsworten verschwand mein Leprechaun-Freund und überließ, wie üblich, den ganzen organisatorischen Kram mir. Als ich auf meine Broschüren schaute, lag ganz oben – welch ein Zufall – das Angebot für eine Kajak-Tour auf dem Wailua River. Ich beschloss, diese Tour zu buchen und war mir sicher, dass Simon, leidenschaftlicher Segler und Bootsfahrer, mit Freuden mitkommen würde.

Am nächsten Tag um sieben Uhr, fröstelnd in der frühen Morgenkälte, machten Simon und ich uns auf den Weg zum Fluss. Simon ist vom Typ her der gutgelaunte, großgewachsene Held – so jedenfalls kommt er mir vor, denn ich reiche ihm nur bis zu den Achseln. Am Ufer wurden wir und ein weiteres Paar schon von Paul erwartet, unserem jungen drahtigen Reiseführer mit Dreadlocks, und bald waren wir für unser Abenteuer auf dem Wailua bereit. Simon übernahm das Kommando und gab mir ein Zeichen, vorne im Kajak Platz zu nehmen, während er sich nach hinten setzte, und los ging's. Da wir am Meer leben und schon oft gemeinsam Kajak gefahren sind, paddelten wir vor dem anderen Paar her, das noch Anweisungen von Paul erhielt.

Schweigend bewegten wir uns durch die diesige Dämmerung und genossen die Ruhe rings um uns her. Als ich den Blick nach oben wandte, sah ich, wie links von uns der Gipfel eines Berges durch den Nebel brach. Der Berg beobachtete unser Vorankommen. Während wir durch das glasklare Wasser glitten, hörte ich nur das Wasser, das von den Paddeln tropfte. Plötzlich erschien Lloyd: Mit überkreuzten Beinen hockte er auf dem Bug unseres Kajaks. Simon, ein eher praktisch veranlagter Mann, mehr an Maschinen und am Segeln interessiert als an Leprechauns, kann Lloyd nicht sehen. Doch glücklicherweise hat er mit mir zusammen genug magische Erlebnisse gehabt, um an Elementargeister und andere »unsichtbare« Wesen glauben zu können.

Lloyd (natürlich paddelte er nicht) saß in königlich aufrechter Haltung da. Verschwunden war sein Hawaii-Hemd, stattdessen trug er seinen besten irischen Sonntagsstaat: eine enge grüne Jacke mit Messingknöpfen, kurze schwarze Hosen, Wollsocken und schwere Clogs. Bächlein von Schweiß liefen über seine rundlichen Wangen. Konzentriert starrte er zum Ufer hinüber, und als ich seinem Blick folgte, sah ich dort eine große Zahl kleiner, schlanker, menschenähnlicher Wesen stehen. Eine Abordnung von Einbäumen stieß sich vom Flussufer ab, und als sie näherkamen, erkannte ich, dass die Ruderer anders waren als alle Elementarwesen, denen ich bisher begegnet war. Hawaiianer hatten mir die Menehune als braunhäutige, zwei bis drei Fuß große kindliche Wesen beschrieben. Diese Wesen hier waren keine Menehune.

Da sie in ihren Einbäumen saßen, war es schwierig, ihre Größe genau zu bestimmen, aber ich schätzte, dass sie ungefähr zwischen einem und eineinhalb Meter groß waren, mit dünnen Armen und Beinen, ein bisschen wie Kobolde. Ihre Haut hatte einen khakiähnlichen Ton, und obwohl sie Nase, Mund und zwei Augen hatten, glich ihr Gesicht doch eher einer Kreuzung von Mensch und Reptil. Sie waren alle männlich, nackt außer einem Lendentuch aus so etwas wie Baumrinde und hatten *Leis* (hawaiianischen Blumenketten) um den Hals.

Meine Unruhe wuchs, je näher sie kamen und je deutlicher ihre nicht-menschlichen Gesichtszüge wurden. Mühelos bewegten sie ihre Boote durchs Wasser und hatten uns bald erreicht. Der Mann im vordersten Einbaum näherte sich Lloyd und verbeugte sich vor ihm. Als Lloyd mit einer Verbeugung antwortete, streckte das Wesen seine dünnen Arme aus und legte eine Blumenkette um den Hals meines Freundes. Dann zog er sich zurück und die anderen kamen und legten ihre *Leis* dazu, bis der Leprechaun, überhäuft von Willkommensgirlanden, kaum mehr atmen konnte.

Das erste der männlichen Wesen ergriff die Seite unseres Kajaks und näherte sich mir. Er lächelte, wobei seine spitzen Zähne sichtbar wurden; stocksteif blieb ich sitzen, während er seine Arme ausstreckte und einen vielfarbigen *Lei* um meinen Hals wand.

Er nannte mich »die *Wahine* (Frau), die Lloyd begleitet« und sagte: »Wir geben dir Blumen in Regenbogenfarben, weil wir dich als Lehrerin vieler Traditionen ehren.«

»Danke«, murmelte ich, wobei ich versuchte, meine Voreingenommenheit wegen seines Aussehens aus dem Kopf zu bekommen und mein Herz für seine Willkommensgeste zu öffnen.

In höheren Dimensionen kommunizieren die Wesen telepathisch miteinander, also wusste ich, dass er meine ersten Gedanken gehört hatte, aber höflich ignorierte er meine schlechten Manieren. Er deutete auf den Berg: »Schau dir den Mount Wai'ale'ale an, der auf uns herabblickt und uns mit seinem Wasser segnet«, sagte er. »Das ist der Grund, warum wir schon immer in diesem Tal leben. Hier ist auch der Ort, zu dem die ersten Menschen kamen. Lange Zeit lebten wir abseits von ihnen, aber sie kannten uns und wir teilten unser Wissen mit ihnen. Später vermischten sich manche von uns mit den Menschen – doch davon später.«

Ich war fasziniert und hätte die Geschichte lieber gleich als später gehört, doch er überging auch diesen Gedanken und fuhr fort: »Wir sind keine Menehune – in deinem Geist kann ich erkennen, dass du sie erwartet hast –, sondern ihre Hüter und Lehrer. Wir selbst nennen uns *Mo'okane* und stammen von einer wesentlich älteren Rasse ab, welche die Hawaiianer die *Mo'o* nennen.«

An dieser Stelle schaute er auf, und als er sah, dass Paul und das andere Paar sich in seinem Kajak näherten, nickte er uns zum Abschied zu und stieß sich von unserem Boot ab. Die anderen hatten bald zu uns aufgeschlossen, und wir setzten unsere Fahrt fort. Die Begegnung mit den Mo'okane verwirrte mich, und telepathisch »stupste« ich Lloyd fragend an, in der Hoffnung, etwas erklärt zu bekommen. Doch er beschloss, mich zu ignorieren und hielt seinen Blick stur nach vorne gerichtet.

Bald darauf kamen wir an eine Stelle, wo das Flussbett enger wurde. »Fahrt hier zur Seite«, rief Paul und gab uns Zeichen, am sandigen Ufer unter dem Dach des uralten Regenwaldes anzulegen.

Vorsichtig, um das Kajak nicht zum Kippen zu bringen, stieg ich aus und gelangte leicht schwankend an Land. Nachdem wir unsere Boote vollends aus dem Wasser gezogen hatten, kamen Pauls nächste Anweisungen: »Wir gehen zu Fuß weiter«, und schon lief er in den Dschungel hinein.

Schon nach kurzer Zeit trafen wir auf ein erstes Hindernis – einen schnell fließenden Fluss und keine Brücke. Paul hielt sich an einem Seil fest und sprang ins Wasser. Ich war direkt hinter ihm und war als nächste dran. Auf keinen Fall würde ich meine Schuhe ausziehen und meine zarten Füße den scharfen Dingen aussetzen, von denen ich glaubte, dass sie auf dem Grund lauerten. Zögernd ließ ich mich in den eisigen Fluss gleiten, folgte Paul langsam und hoffte, nicht den Halt zu verlieren. Immer wieder hatte ich die Erfahrung gemacht, dass Elementarwesen – zu denen ich jetzt eine neue Art hinzufügte, die Mo'okane – überall auf der Welt kleine Prüfungen für jene bereithalten, die ihnen begegnen möchten. Dieses Hindernis war nur eines in einer langen Reihe von Herausforderungen, die mir im Laufe der Jahre begegnet waren.

Obwohl Lloyd diesen Teil überspringen und sich an unser Ziel hätte teleportieren können (eine nette Fähigkeit, über die Elementargeister verfügen), watete er hinter uns her durch den Fluss. Da er etwa einen Fuß kleiner ist als ich und außerdem vom Gewicht der vielen Leis nach unten gedrückt wurde, musste er sich kräftig gegen das ihm bis zur Brust reichende schnell dahinfließende Wasser stemmen. Um nicht abgetrieben zu werden, umklammerte er das Seil mit beiden Händen und verzog vor Anstrengung das Gesicht, als er sich auf die gegenüberliegende Seite kämpfte. Die reptiliengesichtigen Mo'okane säumten das Ufer und beobachteten schweigend seine Fortschritte. Ich begriff, dass Lloyd sich denselben Herausforderungen unterziehen wollte wie wir Menschen, um so seinen Respekt für die Einheimischen zum Ausdruck zu bringen.

Nachdem wir die erste Schwierigkeit erfolgreich bewältigt hatten, schritten wir in unseren nassen Schuhen weiter den Waldweg entlang, hinein in das Tal, in dem die Mitglieder des uralten hawaiianischen Königshauses gelebt hatten. Der Weg führte über Gesteinsbrocken, ausgewaschene Hänge und durch zahlreiche Wasserläufe, entstanden durch das Übermaß an Regen, für das Kauai berühmt ist. Bald führte uns der Pfad mitten in einen alten hawaiianischen Tempel, einen *Heiau*. Obwohl nur noch die Lavasteine des ursprünglichen Fundaments zu sehen waren, sagt die alte Überlieferung und glauben auch heutige Hawaiianer, dass dort noch heute die Lebenskraft (*Mana*) des Landes (*'Aina*) sei.

Ich blickte mich um und sah ausgedehnte Ruinen von Tempeln, Terrassen und Wohnstätten der königlichen Hawaiianer, die einstmals hier gewohnt haben. Tiefe Stille umgab uns, und ich spürte die Gegenwart unsichtbarer Ahnen. Ich blieb stehen, um in mich zu gehen und zu sehen, ob diese Wesen mit mir in Kontakt treten wollten. In diesem Zustand vergeht die Zeit sehr schnell; als ich meine Augen wieder öffnete, war unser Reiseführer mit den anderen schon weitergegangen. Da ich mich nicht verirren wollte, beeilte ich mich, zu ihnen aufzuschließen.

Sie warteten an einer Stelle, an der mehrere riesige Felsbrocken den Weg versperrten. Paul begann, leichtfüßig loszuklettern, um die Brocken herum und über sie hinweg, eilig dem sich windenden Pfad folgend; klar, er kannte die Route von früheren Wanderungen her sehr gut. Wir anderen folgten, zwar etwas zögerlicher, aber wir folgten. Als wir auf der anderen Seite waren, sahen wir, dass es sich wahrlich gelohnt hatte: *Uluwehi*, die geheimen Wasserfälle lagen vor uns. Im flacheren Teil des heiligen Felsenbeckens standen ein paar hawaiianische Jugendliche, und einer von ihnen schwamm im tieferen Wasser. Von Schlamm bedeckt und einem kleinen Bad niemals abgeneigt, zog ich meine Schuhe aus und watete bis zu den Knien hinein, kehrte jedoch ganz schnell wieder um. Zwar lebe ich nördlich von Vancouver und bin kaltes Wasser gewohnt, doch das hier war kälter, als ich es an diesem Tag ertragen konnte.

Den Blick über das Becken auf die fernen Klippen richtend, schaute ich zu dem über dreißig Meter hohen grandiosen Wasserfall hinüber. Er war wunderschön anzusehen; das in Kaskaden herabstürzende Wasser bildete Muster wie feine Spitze, und dahinter zeichneten sich die Felsen ab. Als ich von diesem eindrucksvollen Anblick ein Foto machte, bildete sich im Wasserfall ein schwacher Regenbogen. Immer stärker wuchs er an, bis er sich über die ganze Felswand erstreckte. Fasziniert beobachtete ich, wie im Wasserfall ein riesenhaftes Lichtwesen erschien. Augenblicklich stimmte ich mich darauf ein, was sie zu sagen hatte – »sie« deshalb, weil sich dieses Regenbogenwesen eindeutig weiblich anfühlte.

»Du würdest mich eine Wasserdeva nennen, obwohl ich viele Namen habe, die du zu einem späteren Zeitpunkt besser verstehen wirst«, sagte sie zu mir. »Ich bewache dieses heilige Gebiet zusammen mit den Menehune und den Mo'okane. Ein Regenbogen besteht aus allen Farben und Frequenzen, die nötig sind, um das Göttliche in dieser Welt zu manifestieren. Darüber hinaus ist er auch ein Symbol für den Frieden. Ich erscheine dir in dieser Regenbogenform in Würdigung des Namens ›Singende Regenbögen‹, der dir vor langer Zeit von einem Medizinmann der Cherokee verliehen wurde. Dein Weg besteht darin, alle Traditionen dieser Welt in Frieden zusammenzuführen, so wie es mein Weg ist, die Menschen, die hierher kommen, zu segnen und ihnen Frieden und Freude zu schenken – zwei Qualitäten, die in eurer modernen Welt Mangelware sind.«

Während die Deva redete, wurden die Farben des Regenbogens kräftiger und klarer, und ich stand wie angewurzelt. Es war klar, dass sie nur mit mir sprach, denn die Jugendlichen im Becken bekamen nichts von dem Geschehen mit.

»Auf deinem Weg hierher hast du diejenigen getroffen, die wir Mo'okane nennen. Die Mo'okane sind eine Unterart der Mo'o, welche die Hawaiianer aus ihren Mythen als Wasserdrachen kennen. Die Aufgabe der Mo'o war es, Diener der Menschen zu sein – der Begriff ›Diener‹ bedeutet für uns ›Helfer‹ –, um die Menschen sowohl mit dem Göttlichen als auch mit der Natur in Einklang zu bringen. Die Mo'okane – das ist der Name für diejenigen Mo'o, die beschließen, eine menschenähnliche Form anzunehmen – sind mit dem großen Schöpfergott Kane verwandt. Kane ist einer der Hauptgötter auf Hawaii, und er schuf die Mo'o vor den Menehune und auch vor den Menschen. Sowohl die Mo'o als auch die Mo'okane sind unsere Medizinleute, Hüter der Erde; sie besitzen die Gabe des Heilens, welche sie mit dir und deinem Leprechaun-Partner teilen möchten.«

»Warum sprecht ihr mit mir?« erkundigte ich mich ehrerbietig. Diese Wanderung wurde schwieriger, als ich angenommen hatte, und ganz bestimmt verwickelter, als der Leprechaun mich hatte glauben lassen.

Die Wasserdeva hielt inne, und ich spürte, wie sie ihre Aufmerksamkeit auf meine rechte Seite richtete, wo viele Mo'okane zusammen mit meinem Leprechaun-Freund standen und unsere Unterhaltung verfolgten. Sie wandte sich an den Mo'okane, der mich im Kajak mit einem Lei beschenkt hatte und sagte: »Die Mo'okane werden für sich selbst sprechen.«

»Wir sind Gestaltwandler und stammen von den Mo'o ab, die meistens als weibliche, etwa dreieinhalb bis neun Meter große, drachenähnliche Wesen gesehen werden. Der zweite Grund, aus dem wir uns selbst Mo'okane nennen, ist, dass das Wort ›Kane‹ in diesem Zusammenhang ›männlich‹ oder ›Mann‹ bedeutet. Wir wollten uns wie die Mo'o in beiden Geschlechtern erfahren. Wir Mo'okane entschieden uns dafür, eine menschenähnliche Gestalt anzunehmen, damit wir besser auf der Erde gehen und außerdem die Erfahrung männlicher als auch weiblicher Körper machen können. Dadurch fällt es uns leichter, uns mit dir und unserem jungen Freund hier zu unterhalten«, sagte der Mo'okane, während er Lloyd fest anblickte, dessen Gesicht durch all die *Leis* um seinen Hals kaum noch zu sehen war.

Der Mo'okane wandte sich wieder mir zu und fuhr fort: »Die Mo'o kommen in den ältesten hawaiianischen Geschichten vor und sind der Schlüssel zu Hawaiis mystischer Vergangenheit. In anderen Ländern würde man uns Wasserdrachen nennen; wir besitzen die Gaben der Langlebigkeit und der Weisheit und eine tiefe innere Schau, und manche würden sagen, wir seien besitzergreifend in Bezug auf Orte und Menschen, die unter unserem Schutz stehen, ganz so, wie es in euren Geschichten über Drachen erzählt wird. Wir sind die Hüter des Wassers, von Flüssen, Teichen und Süßwasserquellen, und seit den frühen Zeiten verehren die Hawaiianer uns als ihre Ahnengötter. Aus vielerlei Gründen entwickelten sich unsere Wege in eine andere Richtung als die der Menschen, und viele von ihnen glauben heute nicht mehr an uns. Das ist *ein* Grund, warum wir uns entschlossen haben, menschliche Form anzunehmen, und warum wir Kontakt mit dir aufgenommen haben, um dir unsere Geschichte zu erzählen.«

Wenn an meine Gutherzigkeit appelliert wird, werde ich leicht schwach, und so sah ich meinen Urlaub in Schall und Rauch aufgehen. Darum beschloss ich, mich nicht so ohne weiteres darauf einzulassen. »Wäre es nicht besser für euch, mit einer Hawaiianerin oder einem Hawaiianer zu sprechen und ihr oder ihm eure Geschichte zu erzählen? Einige von ihnen sind sicher in der Lage, euch zu sehen und mit euch zu sprechen – und sie würden über eine größere Glaubwürdigkeit verfügen als eine Kanadierin, die, um das noch hinzuzufügen, *rein gar nichts* über euch weiß.«

»Nun, das führt uns zum zweiten Grund, aus dem wir mit dir Verbindung aufgenommen haben«, antwortete der Mo'okane mit seinem Lächeln, bei dem die spitzen Zähne aufschienen. »Die Tatsache, dass du auf der bewussten Ebene nichts über uns weißt, erhöht deine Glaubwürdigkeit, wenn du diese Geschichte erzählst. Du weißt mehr, als dir in diesem Moment bewusst ist, und wir möchten die Verbindung zu uns, die in deinem Unbewussten schlummert, wieder zum Leben erwecken. Tatsächlich ist unsere Mission sehr viel umfassender: Wir wollen in *allen* Menschen die in ihnen schlummernden Ebenen ihres Unbewussten wieder wachrufen.«

In meiner zunehmenden Besorgnis angesichts all der Andeutungen über meine Beziehung zu khakifarbenen, gestaltwandlerischen Drachen wandte ich mich in der Hoffnung auf Beistand an Lloyd. Er stand einträchtig inmitten der Mo'okane und weigerte sich, mich auch nur anzusehen. Was für ein Freund! Genau in diesem Moment tauchten weitere Wesen auf. Falls sie schon die ganze Zeit dagewesen waren, hatte ich sie nicht bemerkt. Waren sie gerade erst angekommen? In meiner Verwirrung war ich mir nicht sicher.

Der Mo'okane deutete auf die Neuankömmlinge: »Diese Wesen sind königliche Menehune, wir nennen sie *Ali'i*. In den alten Tagen nannten die Hawaiianer – ich spreche von den Menschen – ihre königliche Klasse ebenfalls Ali'i. Jetzt weißt du, wer ihnen diesen Begriff beigebracht hat, nicht wahr?«

Diese *Ali'i* genannten königlichen Menehune waren braunhäutig, ohne die echsenartigen Gesichtszüge der Mo'okane, so dass sie für mich menschenähnlicher aussahen. Die Menehune-Ali'i trugen Blumenketten um den Hals und im Haar, und sie waren ein ganzes Stück größer als ich. Ich nahm an, dass einer von ihnen, ein Menehune mittleren Alters, ihr Anführer war, denn er hatte sehr viel mehr *Leis* um seinen Hals. In seinen Holzstab waren Abbilder von verschiedenen Wesen und Pflanzen geschnitzt, die wohl die Totems seiner Familie darstellten. Er und die anderen Menehune-Ali'i schienen damit zufrieden zu sein, von mir wahrgenommen zu werden, denn keiner von ihnen sprach zu mir. Respektvoll und aufmerksam beobachteten sie meinen Austausch mit dem Mo'okane.

Mein Gott! Zuerst sind da Mo'okane – oder waren es Mo'o? –, die mir ihre Geschichte erzählen wollen, und jetzt taucht plötzlich eine neue Gruppe auf, die *nicht* mit mir sprechen will. Und Lloyd ist überhaupt keine Hilfe. Als das Regenbogenwesen im heiligen Wasserfall meine Gedanken hörte, schien sie Mitleid zu bekommen.

»Die Menehune-Ali'i, die hier wohnen, treten selten in Kontakt mit Menschen«, erläuterte sie. »Sie halten sich an traditionelle Gepflogenheiten und wollen das, was sie sind, nicht durch den Austausch mit heutigen Menschen verwässern. Das ist nicht als persönliche Kränkung gemeint, sondern es ist ihre Art, sich selbst und ihre Traditionen zu wahren. Dies ist die königliche Kaste der Menehune, die Herrscher, die Ali'i. Sie fühlten sich zu den frühen Hawaiianern, die in dieses Tal kamen, hingezogen und lehrten sie unsere Art und Weise zu leben. Damals wurde dieses Tal zur Heimat der königlichen Hawaiianer, die unsere Menehune-Traditionen respektierten. Mit der Zeit gab es einige königliche Menehune und königliche Hawaiianer, die beschlossen, sich miteinander zu vermischen. Diese wurden jedoch gebeten, die Gemeinschaft zu verlassen, weil die Gemeinschaft als Ganzes nicht das Gefühl hatte, dass diese Vermischung eine gute Idee war. Heute halten sich die Menehune-Ali'i in diesem Tal zum großen Teil von den Menschen fern.«

Es war leicht nachvollziehbar, dass die Menehune-Ali'i sich mit Menschen vermischen konnten, denn sie sahen sich ähnlich, gerade so wie in Europa die Elfen den Menschen sehr ähnlich sind und sich sowohl in der Vergangenheit als auch der Gegenwart miteinander vermischt haben. Dennoch ist da etwas in den Augen von Elementarwesen und Menschen, das zeigt, dass sie unterschiedlichen Arten entstammen, so wie man einen Wolf von einem großen Hund unterscheiden kann. Als ich die königlichen Menehune genauer betrachtete, bemerkte ich unter ihnen kleinere

Wesen, die etwas größer als zwei Fuß waren und ein kindliches Aussehen hatten.

Die Wasserdeva sah meinen Blick und meinte: »Diese Kleinen sind ebenfalls Menehune. Ihnen gefällt es, in Kontakt mit Menschen zu sein; sie sind es auch, welche die meisten Menschen normalerweise sehen – deshalb denken sie, alle Menehune würden so aussehen. Es gibt viele Arten von Menehune, einschließlich der königlichen Ali'i, die denen ähneln, die du als königliche Elfen kennst. Es gibt auch Menehune, die in den Wäldern leben; sie sind mehr wie die, die du als Waldelfen kennst. Eine dritte Art von Menehune, ähnlich denen, die du Pixies nennst, sind die kleinen Menehune, die die Menschen für Kinder halten, doch sind sie voll ausgewachsen und manchmal sehr alt.

Noch etwas: Dieser Ort hier befindet sich im Osten der Insel Kauai. Wir möchten, dass du auch den Norden, Westen und Süden besuchst und die Mo'okane und Menehune an all diesen Orten triffst, denn wir unterscheiden uns alle voneinander. Auch hätten wir es gerne, dass du unsere Schwester Pele, die Vulkangöttin und Deva des Feuers, besuchst, doch dazu musst du nach Big Island gehen.«

Die Wasserdeva hielt inne. »Halte deine Hände ins Wasser meines Beckens und wasche dir Gesicht und Haare«, befahl sie. Nachdem ich ihre Anweisungen befolgt hatte, schaute ich auf und sah, wie das Leuchten ihres Regenbogens sich verzehnfacht hatte, bis er schließlich die ganze Felswand hinter dem Wasserbecken vollständig bedeckte. Die Wasserdeva zeichnete sich als Umriss in einem prächtig schimmernden Farbspektrum ab.

»Mache noch ein Foto«, drängte sie mich, »damit du anderen einen sichtbaren Beweis von dem, was du heute gesehen hast, zeigen kannst.«

Ich kam ihrem Wunsch nach, obwohl ich selbst eines Beweises nicht bedurfte. Ich spürte, wie sie meine Reise segnete, und war erstaunt, dass die Jugendlichen am anderen Ende des Beckens überhaupt nichts von dem Geschehen mitbekamen. Doch unser Reiseführer Paul war anders. Er starrte den Regenbogen an und kam zu mir herüber: »Seit Jahren komme ich zu diesem Becken, und nie zuvor habe ich so etwas gesehen.«

Ich zeigte ihm meine Fotos, die er voller Staunen betrachtete. Ich konnte deutlich erkennen, dass Paul Elementarwesen-Vorfahren hatte, obwohl ich nicht wusste, ob er eine entsprechende Bemerkung verstehen würde. Vorsichtig tastete ich mich vor: »Paul«, sagte ich, »ich habe mich mit der Deva im Wasserfall über die Menehune, die ich in diesem Wald gesehen habe, unterhalten.«

»Ich kann die Gegenwart der Menehune spüren«, antwortete er. »Ein Freund von mir hat hier gezeltet und sah einen Menehune auf der anderen Seite des Lagerfeuers. Er meinte, dass dieses Wesen etwa einen halben bis einen Meter groß war, braune Haut hatte und aussah wie ein Kind.«

Was Paul beschrieb, waren einige der kleinen Wesen, die ich gesehen hatte, doch ich fragte mich, was er wohl über die Mo'okane wusste. »Weißt du irgend etwas über Wesen, die ungefähr eineinhalb bis zwei Meter groß sind, mit grünlicher Haut und eher reptilienhaften Gesichtszügen, wie eine Kreuzung von einer Echse mit einem Menschen, diejenigen, die sich selbst Mo'okane nennen?« fragte ich.

»Ich interessiere mich sehr für die alten Mythen und unsichtbare Wesen, aber über Mo'okane weiß ich nichts«, antwortete er, und ich fragte mich, was ich wohl sah. Doch ich war froh, dass er an Menehune glaubte, und schließlich war es nicht das erste Mal in meinem Leben, dass ich etwas gesehen hatte, was anderen verborgen blieb. Aber hier auf Hawaii bewegte ich mich auf Neuland. Lloyd hatte mich in diese Erfahrung hineingedrängt – würde er mir helfen? Ich schaute dorthin, wo er immer noch stand, ein weißes Gesicht inmitten eines schokoladen- und khakifarbenen Meeres. Er und die anderen waren in ihr eigenes Gespräch mit der Wasserdeva vertieft. Diese Unterhaltung betraf mich nicht, also wandte ich mich um und machte mich auf den Rückweg.

LEHREN DER MO'OKANE IN KOKEE

Am nächsten Tag war ich früh auf und fand Lloyd auf der Veranda sitzend. In tiefen Zügen atmete er die frische Luft ein und studierte den Himmel. »Heute gibt es einen klaren Tag, nicht gerade etwas, das hier auf Kauai häufig vorkommt; am besten wäre es, du würdest dich sogleich auf den Weg zum Waimea Canyon machen, bis ganz nach oben«, erklärte er. »Sehr oft sind die Höhenzüge im Nebel verborgen, und wir wollen schließlich, dass du sie in ihrer Bestform sehen kannst.«

»Augenblick mal«, wandte ich ein, »vergiss nicht, ich mache hier Urlaub. Ich will ganz genau wissen, was du geplant hast, sonst mache ich nicht mit.«

Er schaute mich unbewegt an und sagte nichts, nicht ein einziges Wort.

»Sieht so also die Hilfe aus, die du mir sein wirst?« Inzwischen war ich wirklich gereizt.

Keine Antwort von »Himself«.

»Also, dann überlege ich mir, *nicht* zu machen, was du willst. Simon und ich können eine schöne Zeit haben, nur wir zwei allein. Du kannst von Glück reden, dass er immer bereitwillig auf all deine Vorschläge eingegangen ist... bis jetzt.«

Mit gespielter Geduld saß Lloyd da und »drehte Däumchen«, sehr plumpe Däumchen. Schließlich meinte er: »Es geht ja gar nicht darum, dass ich nicht mit dir reden *will*. Es ist nur so, dass ich nicht *kann*. Du wirst mir diesmal einfach vertrauen müssen.«

Ich fühlte mich ein wenig besänftigt, war aber noch nicht bereit, mich auf den Handel einzulassen, der bedeutete: Er bekommt alles, ich nichts. Als er das spürte, warf er mir einen so flehentlichen Blick zu, dass mein Widerstand gebrochen war.

»Könnten wir wenigsten über die Mo'okane sprechen? Ich habe noch nie vorher von ihnen gehört und hätte gern eine gewisse Bestätigung.«

»Ihr Menschen! Nicht zu glauben! Da hast du diese erstaunlichen Begegnungen, und was machst du? – Du zweifelst! Es grenzt an ein

Wunder, dass die Mo'okane sich überhaupt die Zeit genommen haben, sich mit dir zu treffen.«

Lloyd tat zwar so, als sei er verärgert, aber dabei zwinkerte er mir zu. Nie ließ er eine Gelegenheit aus, auf dem herumzureiten, was für ihn eine vollkommen bescheuerte Einstellung der Menschen ist – dass wir immer einen »Beweis« haben wollen für alles, was wir sehen, hören oder fühlen.

»Nur ein paar wenige Worte«, sagte ich und fügte hinzu: »Nicht nur, dass...«

»Nein. Zuerst machst du deine eigenen Erfahrungen oben am Canyon. Wir reden später... vielleicht«, meinte er. »Ich werde dir dieses Beweis-Ding schon noch abgewöhnen.«

Ich gab mich geschlagen (Mann, war der stur!) und änderte meine Taktik: »Waimea Canyon gehört zu den Orten, die man einfach gesehen haben muss; wir hatten sowieso vor, dort hinzufahren. Du scheinst sehr erpicht darauf, dass wir das heute tun. Wirst du unser Reiseführer sein – oder hast du andere Pläne?«

»Ich stoße zu euch, wenn ihr zu dem Pfad oben auf der Höhe kommt, und vielleicht werden dort auch noch andere sein«, lächelte er, während er ganz langsam, von den Füßen an aufwärts, verblasste... noch etwas, was Elementarwesen können, Menschen jedoch nicht – eine klare Ansage.

Ein paar Stunden später zuckelten Simon und ich ganz gemächlich die Straße zum Felsabbruch des Waimea Canyons hinauf. Simon ist ein anspruchsloser Typ, und unser Auto war das sparsamste Modell, das zu haben war; so hatte ich meine Zweifel, ob wir tatsächlich die Stelle, die wir so ungefähr mit Lloyd verabredet hatten, erreichen würden. Etwa nach Dreiviertel der Strecke bogen wir zu einer Rangerstation ein, um uns zu orientieren. Schließlich hatten wir keine Karte dabei und verließen uns nur auf die Instruktionen von »Ihr-wisst-schon-Wem«. Eine Rangerin des Kokee Staatsparks, eine sportliche Frau mittleren Alters, vergab Karten an interessierte Wanderer, also stellte ich mich ebenfalls an.

Als ich an der Reihe war, deutete ich auf die Karte und fragte: »Könnten Sie mir den höchsten Wanderweg oberhalb des Canyon zeigen?«

»Das ist der Kaluapuhi Trail im Kokee State Park«, sagte sie und fügte noch hinzu: »Es ist bekannt, dass auf diesem Weg immer wieder Menehune zu sehen sind.« Das war die ganze Bestätigung, die ich brauchte.

Der Park, der oft in Wolken gehüllt ist, liegt an der westlichen Ecke des Alaka'i-Plateaus, dem Überrest eines sechs Millionen Jahre alten Vulkankraters. Direkt vor dem Ende der Straße gibt es einen letzten Waldweg, den Kaluapuhi Trail. Nachdem wir das Auto geparkt hatten, öffnete ich die Tür und wurde von einer kühlen Brise empfangen. Auf einer Höhe von rund 1220 Metern betrug die durchschnittliche Temperatur 15 Grad Celsius, deshalb zogen wir schnell Pullover an und tauschten unsere Shorts gegen lange Hosen. Wenn möglich, ist es mir das liebste, schweigend zu wandern und Vögel, Tiere und Pflanzen zu beobachten und ihnen zu lauschen, ebenso wie den Wesen, die in anderen Dimensionen leben (zum Beispiel Elementargeister). Ich empfinde es als Ablenkung, mich mit anderen zu unterhalten. Simon hat mein Bedürfnis nach Stille schon seit langem respektiert und läuft entweder vor oder hinter mir, damit ich in einen meditativen Zustand kommen kann.

Überraschenderweise hatte es seit mehr als einer Woche nicht geregnet, und der Weg war trocken, zumindest am Anfang. Bald kamen wir an eine unberührte Wiese, die umgeben war von sich ständig verändernden Regenbögen, welche vage durch den Nebel zu sehen waren. Seltene Vögel, die man nur auf den hawaiianischen Inseln findet, stießen Warnrufe aus. Obwohl der Parkservice die Gegend von invasiven Pflanzenarten freihält, um das Gebiet in einem möglichst ursprünglichen Zustand zu halten, gab es dreiste Brombeeren, die dem Roden entgangen waren, neben blühendem einheimischem Kahili-Ingwer.

Dem Himmel sei Dank, dass der Parkservice invasive Arten entfernt, denn 90 Prozent der auf Hawaii heimischen Pflanzen wachsen sonst nirgendwo. Da eine neue Pflanzenart im Schnitt nur einmal alle 35.000 Jahre auf natürliche Weise entsteht, sind sie tatsächlich kostbar und haben sich über Hunderttausende von Jahren zu sehr mannigfaltigen Gattungen entwickelt. Heute befinden sich 25 Prozent der gefährdeten Gattungen der USA auf Hawaii, deshalb war es ein echtes Geschenk, mich dieses besonderen Ortes erfreuen zu dürfen, und ich war dankbar, dass der Leprechaun mich zu diesem Ausflug gedrängt hatte.

Er muss wohl meine Gedanken aufgefangen haben, denn in diesem Moment stieß »The Man« zu uns, angezogen wie aus einem Outdoormagazin entsprungen: Lloyd trug Wanderstiefel in Übergröße – seine Füße waren nicht gerade winzig – und hatte einen riesigen Rucksack geschultert. Schweigend marschierte er voraus. Ich verstand den Wink und blieb ebenfalls still. Ich genoss das Gehen, zufrieden damit, dass die Wanderung einfach nur eine Wanderung war. Als wir immer tiefer in den Wald gelangten, wurde der sich schlängelnde Weg, obwohl immer noch sehr schön, immer matschiger.

Mein Leprechaun-Freund schien gedanklich woanders zu sein und marschierte mit gesenktem Kopf einfach weiter. Als wir um eine Kurve kamen, sah ich zu meiner Linken, in einem dichteren Teil des Waldes, flüchtig eine Gruppe von Mo'okane. Es war schwierig, sie im Blick zu behalten, da ihre khakifarbene Haut sie mit der Vegetation verschmelzen ließ. Mehrere trugen einen Kopfschmuck aus leuchtenden Vogelfedern. Da ich annahm, dass Lloyd und ich eingeladen waren, bewegte ich mich auf sie zu, nur um von einem Blick, der »halt stop« hieß, auf ihren strengen Gesichtern begrüßt zu werden.

Einem Augenblick später sagte Lloyd: »Heute haben sie ein Ritual nur für mich geplant. Und«, fügte er mit Blick auf seinen Rucksack hinzu, »ich habe auch Geschenke für sie mitgebracht.« Mit diesen Worten eilte er zu seinem Treffen.

Ich wusste nicht, ob ich mich ausgeschlossen oder erleichtert fühlen sollte. Auf jeden Fall war ich neugierig. Ich konnte einen olivfarbenen, reptiliengesichtigen Mo'okane im Lendentuch erkennen, der mit etwas, was aussah wie ein Werkzeug aus Vulkangestein, eine Wurzel in einer großen Steinschale zermahlte. Als die Wurzel genug zerrieben war, spuckte ein zweiter in das Gemisch und fügte langsam Wasser hinzu. Die Flüssigkeit hatte eine bräunliche Farbe, und ich erkannte, dass es die Wurzel des Kawastrauchs war, die von den Hawaiianern *'Awa* genannt und in

Zeremonien und bei gesellschaftlichen Anlässen verwendet wird. 'Awa ist für seine heilenden Eigenschaften gegen Angstzustände bekannt. Die Flüssigkeit beruhigt, während sie gleichzeitig geistig wach hält. Kawa ist eine heilige Pflanze, und es war eine große Ehre für Lloyd, zur Teilnahme an dieser Zeremonie eingeladen zu werden.

Ein paar großgewachsene, königliche Menehune-Ali'i hielten sich abseits von den anderen, und ich hätte schwören können, dass es dieselben waren, die ich gestern am Wasserfall gesehen hatte. Sie traten nicht in Kontakt mit Lloyd, schienen das Ritual aber zu beobachten. Als sie bemerkten, dass ich sie genau studierte, wandten sie mir ihre nicht unfreundlichen Gesichter zu. Ich trat zurück auf den Weg und spürte ihre Erlaubnis, den ersten Teil des Rituals beobachten zu dürfen.

Von diesem Blickwinkel aus erlebte ich mit, wie ein Mo'okane einen grünen Lei mit den roten, gebauschten *Ohi a lehua*-Blüten um Lloyds Hals legte, während ein älterer ihm einen kleineren Lei hinhielt, der erkennbar für den Kopf gedacht war. Lloyd trägt *immer* einen Hut, und ich konnte erkennen, dass er – Lei hin oder her – diesen ungern abnehmen wollte. Geduldig wartete der ältere Mo'okane. Widerstrebend fügte sich Lloyd, wodurch sein spärlicher Haarwuchs sichtbar wurde. Seine Eitelkeit war der geringe Preis, den er bezahlen musste, denn ich erkannte, dass diese Wesen ihn als eine königliche Person betrachteten und ihm Ehre erweisen wollten. Meine Einsicht wurde bestätigt, als der zweite Mo'okane ihn als »Der Große« (diesen Titel geben die Leprechaun ihrem Häuptling) ansprach und die Krone aus einheimischen Blumen auf Lloyds Kopf plazierte.

Andere Teilnehmer gossen etwas von dem Kawa-Getränk auf den Boden. Ich konnte mithören, wie sie das 'Awa mit einem Segensspruch Laka anboten, der Göttin des Waldes und der Schutzheiligen der Vegetation. Erst nach Abschluss dieses Rituals wurde auch Lloyd etwas von dem 'Awa angeboten. Von meinem Platz auf dem Pfad hörte ich, wie sie ihn als Botschafter, der zur Heilung der Erde mit Menschen zusammenarbeitet, willkommen hießen. Lloyd – keiner, der ein neues Getränk verschmäht, besonders wenn es die Stimmung hebt – war bei diesem Teil des Rituals besonders eifrig dabei.

Nur zu bald sandten mir die königlichen Menehune-Ali'i mit einem Blick die Botschaft, doch bitte weiterzugehen. Ich antwortete mit einem zurückhaltenden »Danke« in Richtung der Feiernden und setzte meinen Weg entlang des Trails fort. Schon nach einer Viertelstunde kam ich an eine Abzweigung. Der Pfad nach links war mit »Sackgasse« beschildert, und der Parkservice hatte ein Gatter aufgestellt, um Wanderer vom Betreten abzuhalten. Ich fühlte mich zwar in diese Richtung gezogen, wurde jedoch von unsichtbaren Wesen gedrängt, dem normalen Weg zu folgen. Also tat ich das... und so ging es immer weiter hinunter, ohne dass auf diesem Abstieg ein Ende in Sicht gewesen wäre. Da es kein Rundweg war, drehte ich nach einiger Zeit einfach wieder um und ging den Pfad schnaufend und keuchend wieder zurück. Als ich erneut an dem »Sackgassen«-Gatter anlangte, spürte ich, dass der Weg inzwischen energetisch nicht mehr blockiert war. Im Gegenteil: Ich wurde zum Eintreten aufgefordert. Es war fast so, als ob sich das Gatter zu einem Tunnel aus Licht geöffnet hätte.

Mit gebotenem Respekt ging ich in den Tunnel hinein. Bald kam ich zu einem Hain aus großen japanischen Zedern, wo eine Gruppe von Mo'okane und königlichen Menehune-Ali'i zusammen mit kindlich aussehenden Menehune standen. Sie ähnelten denen, die ich am verborgenen Wasserfall getroffen hatte, doch statt eines geschnitzten Wanderstabs, dem *Ko'oko'o*, trugen die Erwachsenen Speere in der Hand.

Einer der älteren reptiliengesichtigen Mo'okane trat vor, um mit mir zu sprechen. Ich hielt ihn für den Anführer, weil sein Speer mehr Schnitzereien aufwies als der der anderen. Sonst wies nichts auf seinen höheren Rang hin. Seine Augen schienen mir gelb wie die einer Schlange, und seine blassen Hautzeichnungen erinnerten mich an Schuppen. Das Wort »Drache« kam mir in den Sinn, das an Weisheit und einen scharfen Verstand gemahnte. Zugleich kollidierte das Bild des Ostens vom wohltätigen Drachen mit dem bösen Drachen der westlichen Welt. Wieder versuchte ich, nicht zu urteilen, denn er erschien mir nicht bedrohlich.

»Wir leben in den Bergen«, sagte er. »Wir trennten uns von den Menehune, die sich im Tal des Wailua River niedergelassen hatten, als die zweite Welle der größer gewachsenen Hawaiianer von Tahiti kam. Um unsere Kultur rein zu erhalten, zogen wir an abgelegene, wilde Orte wie diesen hier. Wir lernten, die kleineren Wildschweine zu jagen, die von den ersten Hawaiianern mitgebracht worden waren. Die viel größeren europäischen Schweine wurden später eingeführt; inzwischen jagen wir eine Kreuzung aus den beiden.«

Diese Information machte mich neugierig. Die meisten Naturgeister, die ich bisher getroffen hatte, mit Ausnahme der Trolle, neigen zum Vegetarismus. Ganz plötzlich kam mir ein neuer Gedanke: »Waren diese Mo'okane und Menehune überhaupt Naturgeister?«

Der Mo'okane-Älteste ignorierte meine abschweifenden Gedanken vollständig und fuhr fort: »Diese Schweine sind unsere Feinde, denn sie reißen unsere Behausungen nieder, graben die von uns angebauten Pflanzen aus und fressen sie. Auf den polynesischen Inseln kennt man euch Menschen als ›lange Schweine‹, und für uns seid ihr eine Art Schwein. Ihr kommt in unseren Wald, schlagt unsere Bäume, bringt invasive Pflanzen mit und verpestet unsere Luft mit dem Benzin eurer Autos. Und ihr seid so laut! Es gibt überhaupt keine Stille, wo ihr seid.«

Ich pflichtete seiner vernichtenden Einschätzung bei, antwortete dann aber mit einer naheliegenden Frage: »Warum wollt ihr dann mit mir reden? Schließlich bin auch ich ein Mensch.«

Er antwortete: »Du möchtest die Erde und alle Wesen heilen; wir wollen, dass du unsere Botschaft weiterverbreitest. Wir hoffen, so ihre Wahrnehmung zu erweitern, damit wir irgendwann direkt mit ihnen sprechen können. Außerdem sind wir deine *'Aumakua,* du würdest *Ahnen* sagen. Du hast schon einmal auf diesen Inseln gelebt. Im Moment verstehst du nicht, was das alles bedeutet, doch bis zum Ende deiner Reise wirst du Klarheit gewonnen haben.«

Ich war überaus neugierig zu erfahren, wie ein drachenähnlicher Gestaltwandler mein Vorfahr sein konnte, aber ich erkannte an seinem verschlossenen Ausdruck, dass ich zum jetzigen Zeitpunkt keine weiteren Erläuterungen dazu erhalten würde. Also stellte ich – schließlich hatte ich nichts zu verlieren – eine andere Frage: »Warum sprechen die königlichen Menehune-Ali'i nicht mit mir?«

Denn die standen unbeweglich und aufrecht und ignorierten mich, während der Mo'okane antwortete: »In hawaiianischen Begriffen bist du eher eine *Kahuna Pule*, eine Priesterin oder Schamanin, oder eine *Kahuna Lapa'au*, eine Medizinfrau, als eine der Ali'i. Für die Ali'i sowohl der Menehune als auch der Menschen ist es tabu, *kapu*, mit dir zu sprechen. Die Menehune-Ali'i sprechen auch nicht direkt mit Lloyd, da er von der Arbeit mit Menschen kontaminiert ist. Gegenwärtig gibt es nichts, was du diesbezüglich tun kannst, und unsere Menehune-Ali'i werden aufmerksam beobachten, was wir, die Mo'okane, zu dir sagen. Wir Mo'okane, musst du wissen, sind wie du Schamanen, deshalb können wir mit dir reden.«

Während unseres Gesprächs spielten um mich herum die kindgleichen Menehune. Sie schlangen Seile um meine Füße, um mich zum Stolpern zu bringen, falls meine Aufmerksamkeit nachlassen würde. Sie hatten Freude an ihrem Spiel, für sie war ich offensichtlich nicht kapu. Ich konnte nur ein paar Augenblicke auf sie achten, denn der Älteste versteifte sich und machte mir so klar, dass er meine Aufmerksamkeit wünschte.

»Auf Hawaii gibt es hauptsächlich vier Stämme der Mo'okane: Es sind die Flüsse, die Berge und die Stranddünen bewohnende Stämme; beim vierten Stamm ist es nicht so einfach, weil ihr keinen Referenzpunkt für ihn besitzt. Der vierte Stamm – ihr nennt sie Devas – lebt in einer subtileren Dimension als wir. Ich spreche von den Devas des Windes und der Wolken, sie sind die mächtigsten. Wegen seiner vielen Eigenschaften haben wir Hawaiianer für den Wind mehr als zweihundert Namen. So ist etwa *Nuala* ein plötzlicher Schauer, und er ist zornig; *Mikio* ist kräftig und böig; *Malanai* ist eine sanfte und *Lulau* eine feuchte Brise.«

Ich war versucht, eine Frage zu stellen, wurde aber von seinem abweisenden Blick abgehalten. Der Älteste musste meine Gedanken gelesen haben, denn er ging direkt darauf ein.

»In unseren Versammlungen auf den hawaiianischen Inseln entscheiden wir, wie sehr wir uns gegen menschliches Eindringen wehren und in welchem Ausmaß wir uns Partner unter euch Menschen suchen wollen. Innerhalb der Gruppe des Leprechaun gehen sowohl Menehune als auch Mo'okane solche Partnerschaften mit Menschen ein«, sagte er, und betonte, dass er Lloyds Gruppe meinte. »Diese Personen verteidigen Menschen in unseren Enklaven und wünschen sich mehr Kontakt mit ihnen. Die Menehune-Ali'i jedoch wenden sich ganz besonders gegen solche Partnerschaften, weil sie fürchten, die Menschen könnten sie und ihre alten Traditionen nicht respektieren. Ihr Argument ist, dass weiße Menschen auf Hawaii – wir nennen sie *Haole* (Fremde) – die polynesischen Hawaiianer nicht respektieren. Und als die polynesischen Menschen auf unsere Inseln kamen, respektierten sie die Menehune nicht.«

Ich fühlte mich kritisiert und fragte mich, ob er vielleicht den Kürzeren gezogen und nun die Aufgabe hatte, mit mir statt mit seinem offensichtlichen Favoriten Lloyd zu reden. Er fing auch diesen Gedanken auf, denn mit etwas milderem Gesichtsausdruck fuhr er fort:

»Manche der Mo'okane und Menehune haben sich zusammen mit Elementarwesen und weiteren Arten aus anderen Ländern in der menschlichen Welt inkarniert, um ihrer eigenen Spezies und allen Wesen zu helfen. Deshalb wollen die meisten von uns deine Arbeit mit Hybriden, die aus verschiedenen Rassen in die menschliche Evolution eingetretenen sind, unterstützen. Ich gehöre ebenfalls dazu«, offenbarte er, bevor er wieder etwas strenger wurde: »Aber wir wollen unsere Traditionen nicht verlieren. Unser wichtigstes Anliegen ist, dass du dies allen Menschen übermittelst: Respektiert unsere Vegetation. Bringt nicht noch mehr fremde Gattungen in unser Land, weil wir große Schwierigkeiten haben, den Bestand unserer einheimischen Vögel, Vegetation und Bäume zu erhalten.«

Mit diesen letzten Worten presste er die Lippen zusammen, legte den Arm mit dem Speer schräg vor die Brust und trat in die Gruppe zurück. – Ich war entlassen.

Während ich mit den Ahnen gesprochen hatte, war Simon allein umhergewandert. Obwohl er selbst andere Ebenen nicht sehen kann, unterstützt er mich immer und gibt mir genügend Raum für meine Begegnungen. Beide haben wir bemerkt: Wenn wir das tun, dann häufen sich die magischen Synchronizitäten in unserem Leben. Mit ausgezeichnetem Timing tauchte er genau in diesem Moment wieder auf, und wir gingen gemeinsam den Weg zurück, den wir gekommen waren. Die kleinen kindlich aussehenden Menehune folgten uns auf dem Fuße, während sie fröhlich miteinander schwatzten. Ich lauschte ihrem Geplapper, das ich nicht verstehen konnte, und übersah dabei fast eine große Schlammpfütze, über der ein niedriger Ast hing. Bei meinem Versuch, der Pfütze auszuweichen, verfing sich mein weißer Hut im Ast und landete im Matsch. Die kleinen Menehune fanden das außerordentlich komisch und klopften sich lachend gegenseitig auf die kleinen rundlichen Arme. Ich war mir ziemlich sicher, dass sie etwas mit dem Streich zu tun gehabt hatten, doch war alles gutmütig gemeint.

Nachdem sie ihre Mission erfüllt hatten, konnten wir unseren Weg ungehindert fortsetzen. Als wir am Ende des Pfades angekommen waren, machte Simon Halt, während ich auf innere Führung wartete, wohin wir als nächstes gehen sollten. Ich erhielt die klare Botschaft, mit dem Auto die Straße bis zu ihrem Ende bei Wai'ale'ale zu fahren; also machten wir uns auf den Weg.

Wai'ale'ale, auf einer Höhe von rund 1280 m gelegen, ist als der nasseste Ort der Erde bekannt. Glücklicherweise regnete es nicht, aber wir befanden uns inmitten ausgesprochen feuchter Wolken. Dichter Nebel hüllte uns in kraftvolles Schweigen, zog dann wieder ab, so dass wir uns in strahlendem Sonnenschein wiederfanden, bis wir wieder von Nebel umgeben waren. Zauberhafte Regenbögen funkelten durch den Dunst und lösten eine starke Erinnerung an das Leben in den Nebeln des frühen Lemurien aus.

Devas wirbelten durch Wolken und Regenbögen, und mir wurde plötzlich klar, dass sie zum vierten Stamm der Mo'okane gehörten, den der Älteste erwähnt hatte. Und ganz deutlich erkannte ich, dass auch die Mo'okane, so wie ihre Vorfahren, die drachenähnlichen Mo'o, Gestaltwandler waren.

Als der Nebel mich wieder einhüllte, kamen die Devas näher. »Wir sind seit den frühesten Anfängen des Planeten hier«, sagte eine von ihnen. »Die Els, die in früher Zeit von Sirius kamen, erschufen uns mit der Kraft ihrer Gedanken. Das ist es, was Wolken sind, aber andererseits könnte man sagen, dass *alles* durch Gedankenkraft erschaffen wurde. Die Els zeigten uns, wie wir den Nebel verdichten können, um so auf diesem Planeten mehr Wasser zu erschaffen; seit jener Zeit haben wir uns verhältnismäßig wenig verändert. Wir nennen uns selbst nicht Elementargeister, obwohl wir anerkennen, dass wir eine Art Elementarwesen sind, da wir mit Hilfe der Elemente erschaffen. Wir bewegen uns zwischen dem Äther und dem stofflichen Bereich eurer physischen Welt.«

»Ihr erinnert mich an die Wesen im Nebel, die ich in Neuseeland getroffen habe«, sagte ich.

»Es gibt nur noch wenige Orte auf der Erde, wo wir auf denselben Ebenen existieren wie die Menschen«, antwortete die Deva. »Einer dieser Orte ist Lake Waikaremoana auf der neuseeländischen Nordinsel; die Ahnen der Elementarwesen, die Tuatha de Danaan, haben dort seit den lemurischen Zeiten gelebt.«

Bei den Worten der Deva erinnerte ich mich an eine Begegnung mit diesen Ahnen am Lake Waikaremoana. Dieser See ist die Heimat des Volkes der Tuhoe; er ist von ursprünglichem Regenwald, der nie abgeholzt wurde, umgeben. Ein Ältester der Tuhoe, Ragnamarie Pere, erzählte mir damals, dass alte Elementarwesen mich treffen wollten; dazu musste ich allein um den ganzen See wandern. Da ich zu den Menschen gehöre, die zu einer Einladung von Elementargeistern nie nein sagen, machte ich mich also an einem schönen, sonnigen Tag auf den Weg. Am nächsten Tag hatte sich das Wetter in ein Orkantief verwandelt. Vier Tage lang stapfte ich durch Regen und heftigste Winde, bis ich schließlich Wesen begegnete, die der hawaiianischen Deva ähnelten. Ein Wiedererkennen durchströmte mich, als die Deva des Nebels fortfuhr:

»Wir sind bewusst. Wir haben unsere eigenen Mythen, Geschichten und einen Lebenszweck. Im Hinduismus und in den frühen Veden werden wir ›Devas‹ genannt – niedere Gottheiten. Im alten Irland nannten sie uns die Sidhe, auch als Tuatha de Danaan bekannt. So wie es viele unterschiedliche Elementarwesen gibt, die unsere Nachkommen sind, gibt es auch viele Arten von Devas; sie erschaffen das Wasser auf der Erde. Da wir das Wasser um den ganzen Planeten herum bewegen, damit alle lebenden Wesen wachsen können, gäbe es ohne uns keine Erde, keine Fruchtbarkeit. Devas sind halb-göttliche Wesen; in der hawaiianischen Kultur gelten wir als geringere Götter oder als Ahnen-Hüter.«

Bei diesen letzten Worten verflüchtigte sich der Nebel, der mich eingehüllt hatte, und die Sonne kam durch. Das Bewusstsein, das mit mir gesprochen hatte, zog sich mit dem Nebel zurück, und ich blieb mit meinen eigenen Gedanken zu den Aussagen der Deva zurück. Mir war bewusst, dass diese hawaiianischen Ahnen die gleichen waren, die man auch anderswo auf der Welt findet, nur eben unter anderen Namen. Wie kostbar, dass wir Menschen noch unsere Mythen besitzen, die uns den Weg auf andere Ebenen weisen.

Müde nach einem langen Tag, freute ich mich darauf, am Abend mit Lloyd über meine Begegnungen zu sprechen und zu erfahren, was er erlebt hatte. Aber er erschien nicht – getreu seiner selbstgestellten Aufgabe, »diesen Menschen« von allen Erwartungen und seinem Bedürfnis, alles erklären zu wollen, zu befreien.

WORIN SICH MÄNNER UND FRAUEN UNTERSCHEIDEN

Schon vor Tagesanbruch wurden Simon und ich vom Krähen der allgegenwärtigen Hähne aus dem Schlaf gerissen. Mit Vorliebe bringen die wilden Hähne auf Kauai Tag und Nacht allen ihre Ständchen dar. Da ich, wenn es nicht regnet, gerne draußen unter den Sternen schlafe, kam ich in den Genuss von weit lauterem »Morgengesang« als die meisten anderen.

Da wir nun schon so früh aufgestanden waren, wollten wir dies für einen Spaziergang im Kühlen nutzen und machten uns auf den Weg zum Maha'ulepu Heritage Trail, der am Shipwreck Beach in der Nähe von Poipu beginnt. Dieser Wanderweg ist überaus malerisch; er verläuft parallel zum Ozean und führt an den Sanddünen vorbei, aus denen Kalkstein und Sandsteinsäulen ragen. Zuerst war das Gehen etwas beschwerlich, weil wir immer wieder im Sand einsanken. Doch bald fanden wir einen Pfad an den Kalksteinklippen entlang, und von da an wurde es wesentlich einfacher. Wir folgten dem Weg landeinwärts unter die Bäume und wieder zurück hinaus an die Küste. An so gut wie jeder Stelle war die Aussicht auf das Meer atemberaubend. Jedoch war es bald sehr heiß; ich schwitzte und hatte schon um neun Uhr meinen Pullover ausgezogen und marschierte nur noch im T-Shirt.

Obwohl die Schönheit der Sandsäulen und die zerklüftete Küstenlinie Grund genug für einen Ausflug waren, hatte ich noch einen zweiten Beweggrund. Die Wasserfall-Deva hatte mich geheißen, die Mo'okane und Menehune der Dünen aufzusuchen, und ich wollte ihrer Bitte nachkommen. Doch bis jetzt hatten sie noch keinen Kontakt aufgenommen, und auch Lloyd war nicht da – wahrscheinlich schlief er selig nach seinem »stimmungsaufhellenden Drink« vom Vortag. Ich war glücklich, von unsichtbaren Wesen in Ruhe gelassen zu werden und genoss meinen Spaziergang mit Simon, als wir schließlich zu einem hawaiianischen Tempel kamen.

Der *Heiau* Ho'oului'a ist so alt, dass sein wahrer Name in Vergessenheit geraten ist. Heute wird er bei seinem allgemeinen Namen genannt, der »Fischertempel« bedeutet. Man glaubt, dass hier vor langer Zeit zwei Grashütten standen: eine für Opfergaben an den Meeresgott und die zweite als Wohnstatt für den oder die *Kupuna*, eine ältere Person, die die Opfergaben darbrachte.

Die Hawaiianer haben das starke Gefühl – und da bin ich mit ihnen einer Meinung –, dass es wichtig ist, jeden Heiau mit Respekt zu betreten; sie sind wie Kirchen, die für heilige Zeremonien genutzt werden. Also blieben wir auf dem Pfad, um der Stätte keinen Schaden zuzufügen. Oft spüre ich die Gegenwart von Hütern, wenn ich mich in der Nähe eines Tempels oder generell in der Nähe von heiligen Stätten aufhalte, und umgehend erblickte ich die Wächter dieses Heiau. Schon zu Lebzeiten hatten sie sich dieser Rolle verschrieben und jetzt, da sie tot waren, erfüllten sie ihre Aufgabe auf der astralen Ebene. Ich spürte keine Notwendigkeit,

Kontakt mit ihnen aufzunehmen, und glaube normalerweise auch, dass es das Beste ist, die Toten in Frieden zu lassen.

Die Temperaturen stiegen weiter, und es wurde zu heiß für hellhäutige Touristen, die versäumt hatten, Wasser mitzunehmen. Heftig schwitzend kehrten wir um und machten uns auf den Heimweg. Ungefähr auf halber Strecke rasteten wir in einem Hain voller Kasuarinenbäume (auch Kängurubaum genannt), wo ich Schatten vor der sengenden Sonne suchte. Simon, der viele Jahre lang in Griechenland gelebt hat und kein irisches Blut hat, hält die Hitze viel besser aus. Er setzte sich ans Wasser, um nach den Walen Ausschau zu halten, die er zuvor hatte blasen sehen.

Ich setzte mich, lehnte mich an einen Baum und schloss die Augen, um zu meditieren. Als ich sie einige Minuten später wieder öffnete, starrten mich mehrere tätowierte Gesichter an. Die dazugehörigen Gestalten besaßen von der Sonne dunkel gebräunte Haut, waren schlank und hatten nackte Füße mit gespreizten Zehen; die meisten von ihnen waren von der Hüfte aufwärts nackt und trugen nur Lendenschurze aus Dünengras. Obwohl es Ähnlichkeiten bei den Tätowierungen gab, sah doch jedes Wesen anders aus. Manche standen und hielten einen Ko'oko'o mit der Spitze zum Boden, andere hatten am Ende ihres Stabes eine richtige Speerspitze. Vielleicht repräsentierte der Ko'oko'o die Rolle eines jeden in der Gemeinschaft, je nachdem, ob sie Krieger, Kahuna (Medizinleute) oder sonst etwas waren. Da ich bisher nur mit Männern gesprochen hatte, überraschte es mich, in dieser Gruppe Frauen zu sehen; die Gruppe selbst schien mit einer ganz bestimmten Absicht gekommen zu sein. Manche der Frauen waren ähnlich wie die Männer gekleidet und bis hinunter zur Hüfte nackt, während andere farbenfroh bedruckte Kleider bis hinunter zu den Knöcheln (*Muumuus*) trugen. Ich fand es interessant, dass es in dieser Gruppe weder die großgewachsenen königlichen Ali'i noch die kleinen, kindlich aussehenden Menehune gab, stattdessen waren hier Menehune zu sehen, die eher den Mo'okane ähnelten. Der sichtbarste Unterschied fand sich in ihrer Gestalt: Die Menehune waren rundlicher und die Mo'okane eher schlank. Daher fragte ich mich, ob Menehune und Mo'okane sich vielleicht vermischten und zu Hybriden wurden, wie das Berichten zufolge in der Verbindung mit Menschen der Fall gewesen war.

Ich hatte keine Zeit, weiter darüber nachzudenken, denn ein grimmig dreinschauender Mo'okane, er hatte die meisten Tattoos, grüßte mich mit einem erstaunten: »Wo ist Lloyd? Wir haben einen Empfang für ihn vorbereitet – obwohl wir uns freuen, auch dich zu sehen.« Ich fühlte mich ein wenig wie das fünfte Rad am Wagen und war mir nicht sicher, ob es damit zu tun hatte, dass ich ein Mensch und eine Frau war, oder was sonst der Grund sein könnte. Das waren mehr Fragen als Antworten, und da Menschen, mich eingeschlossen, eindeutige Antworten mögen, war mir diese Ungewissheit unangenehm.

Ich antwortete: »Ich weiß nicht, wo er ist oder ob er heute kommt. Ich habe ihn zuletzt gesehen, als wir die Menehune und Mo'okane in Kokee getroffen haben.«

Natürlich erwähnte ich nicht, dass er 'Awa getrunken hatte und wer weiß was sonst noch, nachdem ich gegangen war. Schließlich will man seinem Partner helfen, das Gesicht zu wahren.

Wenn man vom Teufel spricht! In diesem Moment legte Lloyd einen aufsehenerregenden Auftritt hin. Oberhalb der Hüfte war er nackt, und die Haut seiner haarigen, rundlichen Brust hatte eine ins Rosa gehende Färbung angenommen – wenn sich irische weiße Haut der hawaiianischen Sonne aussetzt, schien das auf Elementarwesen dieselbe Wirkung zu haben wie auf Menschen. Von der Hüfte abwärts trug er einen Sarong, bestehend aus Büscheln irischer Kleeblätter, die schon in der Hitze dahinwelkten. Seine bloßen Füße sahen, dem scharfkantigen Gras ausgesetzt, bemitleidenswert zart aus. Die gesamte Aufmachung demonstrierte, dass er von Kopf bis Fuß sein Bestes gab, um der örtlichen Kleiderordnung zu entsprechen.

Sein Sarong, der nicht sehr gut befestigt zu sein schien, rutschte immer wieder über seinen üppigen Bauch. Ich fragte mich, welche Teile seiner Anatomie wohl enthüllt würden, falls seine Kleeblätter noch weiter zusammenschrumpften. Trugen die Iren, so wie die Schotten, ebenfalls nichts unter ihren Kilts? Lloyd, der meinen Gedanken auffing, bedachte mich mit einem Blick, der besagte: »Kümmere dich um deine eigenen Angelegenheiten!« Er schien sich keine Sorgen um den dahinschwindenden Sarong zu machen, warum also sollte ich beunruhigt sein?

Alle Menehune trugen aus Muscheln gefertigte Leis. Einer der männlichen Menehune hatte einen für Lloyd, und eine der Frauen hielt einen für mich. Gleichzeitig traten sie vor und legten uns diese Willkommensgeschenke um den Hals. Während die Frau mir in die Augen sah, drückte sie ihre Nase und Stirn gegen meine und teilte ihren Atem mit mir. Diese Geste wird von den Hawaiianern *Honi* genannt, dabei teilen sich zwei Wesen das *Ha*, den göttlichen Atem des Lebens. Es ist ein wunderschöner und heiliger Gruß, und als ich die Geste erwiderte, öffnete sich mein Herz weit. Danach trat der streng dreinblickende Mo'okane mit einer Schnur aus getrockneten Pflanzen vor. Er signalisierte Lloyd und mir, uns an die Hand zu nehmen, und Lloyd nickte mir auffordernd zu.

Ich zögerte. Ich war in eine Zeremonie geraten, von der mir niemand etwas erzählt hatte und die ich nicht kannte. Als mein Freund meine Unsicherheit spürte, lächelte er mich beruhigend an und hielt mir seine rechte Hand hin. Als ich sie in meine linke nahm, nickte der Mo'okane zustimmend und band eilig eine Schnur um unser beider Hände.

»Dies soll ein Zeichen sein für den Bund, den die Menschen mit uns und der Erde haben«, sagte er an uns beide gewandt. »Und diese Schnur bekundet die Ernsthaftigkeit des Vertrages, den unser Volk mit den Menschen schließt.

Manche unserer Menehune und Mo'okane haben schon menschliche Partner«, fuhr er fort, hielt mich mit seinem Blick fest und sandte mir Bilder von hawaiianischen *Kumu* (Lehrern), den Experten und Ausbildern der Handwerkskünste, und von *Kahuna*, ihren Schamanen. »Unsere Gemeinschaft will eine Partnerschaft mit Menschen eingehen. Wir hoffen, dass ihr durch das Vereinen unserer Energien mit euren zu besseren Hütern der Natur und aller lebenden Wesen werdet. Gemeinschaft ist für uns sehr wichtig, und wir haben uns sehr genau überlegt, wen wir dafür auswählen.«

Gütiger Himmel! Was passierte hier, und warum hatte Lloyd mich nicht vorher eingeweiht? Anders als ich, schien er sich seiner Rolle sehr deutlich bewusst zu sein, als er anfing zu sprechen:

»Es ist wichtig, sich klar darüber zu sein, dass ihr eure Entscheidung nicht zurücknehmen könnt, wenn ihr euch einmal verpflichtet habt. Deshalb solltet ihr euch die Zeit einer Umdrehung der Sonne nehmen, um darüber nachzudenken. Wenn ihr euch entschließt, zu Partnern eines Menschen zu werden, wird er oder sie euch verändern, nicht nur für dieses Leben, sondern für alle eure Leben. Seid ihr sicher, dass ihr das wollt?«

Als er seinen Blick über die versammelte Gruppe gleiten ließ, konnte man bei fünf der Kandidaten in ihren Augen und an ihrer Körpersprache sehen, dass sie ganz entsetzt waren. Offensichtlich benötigten sie für ihre Entscheidung keine »Umdrehung der Sonne«; sie traten zurück in die Gruppe. Fünf junge Männer, fünf junge Frauen, fünf tätowierte Männer mittleren Alters und eine größere, weibliche Menehune reiferen Alters in einem knöchellangen Muumuu blieben. Die Jüngeren schienen nervös zu sein, die Älteren entschlossen. Beide Gruppen waren eine Mischung aus Menehune und Mo'okane.

»Seid ihr bereit, euer Versprechen abzulegen?« fragte Lloyd.

Der ernste Mo'okane, der die Zeremonie leitete, trat einen Schritt vor und wandte sich an Lloyd: »Diese hier wurden von unseren Ältesten mehrere Jahre lang vorbereitet, seit wir von deiner Gruppe erfahren haben. Die Älteren«, sagte er und deutete auf die Männer und die Frau in mittleren Jahren, »haben die Jüngeren ausgebildet; sie haben mit ihnen die Menschen, die durch unsere Dünen wandern, studiert. Sie lauschten ihren Gesprächen, um zu sehen, wofür Menschen sich interessieren. Damit wollen sie den Schock abmildern, wenn sie einen menschlichen Partner bekommen, und sie wollen ihnen helfen, selbst bessere Partner zu werden. Sie sind bereit, von dir geprüft zu werden.«

Die größere erwachsene Frau bat den Mo'okane-Wortführer mit einer Geste um Erlaubnis zu sprechen. Er nickte zustimmend. Sie sprach zu mir, während sie auf die fünf jungen Frauen deutete: »Diese Frauen wünschen sich, wenn möglich, eine Partner*in*. Sie besitzen viele heilerische

Begabungen und sind sehr bewandert in Pflanzenkunde, damit können sie das Leben jeder Frau bereichern. Sie hoffen, dass auch ihre Partnerinnen sie an den menschlichen Bräuchen von Frauen teilhaben lassen.«

Alle wandten ihre Augen mir zu... dem Menschen. Ich wählte meine Worte sorgfältig: »Wenn mein Leprechaun-Partner bereit ist, auf eure Bitte einzugehen, bin ich es natürlich auch. Für Frauen unserer beider Arten ist es gut, wenn wir unser Wissen austauschen, denn wir kennen Dinge, von denen scheinen Männer keine Ahnung zu haben.«

Da brachen die Frauen in Gelächter aus, was die Spannung, die ich bis dahin bei dem Treffen empfunden hatte, etwas löste. Lloyd lächelte und zwinkerte mir zu – seine Art, mir auf die Schulter zu klopfen.

Als das Gelächter abgeebbt war, räusperte er sich und trat vor, um mit seinem Teil dessen, was ich jetzt als Einweihungszeremonie erkannte, zu beginnen. Er sprach mit lauter Stimme, um dem Ereignis für jeden der Anwärter Nachdruck zu verleihen.

»Verpflichtest du dich, einen Menschen als Partner zu nehmen, wenn ein passender zur Verfügung steht?« fragte er und sah dabei jedem feierlich prüfend ins Gesicht. Alle nickten zustimmend. Er ging von einem zum anderen und legte seine Hand auf ihre Stirn, um ihre einzigartige Identität für sich aufzuzeichnen. Er würde ihre Identitäten bis zum Auftauchen des richtigen Menschen im Gedächtnis behalten. Dann würde jeder der jetzt Eingeweihten mit einem Menschen verbunden werden.

Alle sahen dankbar und stolz aus, weil sie etwas taten, was von Nutzen für ihre Gemeinschaft war. Doch ihr strenger Anführer war noch nicht fertig, er hatte noch einen Verweis für mich, weil ich eine Stunde zu spät gekommen war. »Wir hatten dir zugerufen, den Spaziergang abzubrechen, weil wir nicht so viele Menschen in der Nähe haben wollten. Nach Sonnenaufgang sind die Wege hier stark bevölkert.«

»Gewöhnt euch am besten gleich daran: Die Menschen haben Probleme, uns zu hören, wenn wir sie auf uns aufmerksam machen möchten«, stellte Lloyd fest und knuffte mich freundschaftlich in die Seite.

Auf ein Nicken des Anführers blies einer seiner Helfer in ein Muschelhorn, um das Ende der Zeremonie zu verkünden, doch überraschenderweise löste sich die Gruppe nicht auf. Stattdessen kamen alle lächelnd und entspannt auf Lloyd und mich zu. Der ernste Mo'okane wurde unversehens milder, beugte sich zu mir und berührte mit seiner Nase und Stirn die meine. Während wir unseren Atem austauschten, empfand ich seinen Segen für meine Arbeit mit den Elementarwesen.

Es schien nun Zeit für Geselligkeit zu sein, obwohl ich selbst immer noch über viele Fragen brütete. Mich an die große erwachsene Frau wendend, die vorher mit mir gesprochen hatte, sagte ich: »Ich würde gerne etwas über die verschiedenen Tattoos erfahren, die du und die anderen haben. Ist das ein ungefährliches Thema, denn ich möchte auf keinen Fall jemanden beleidigen?«

»Komm, lass uns Frauen im Schatten sitzen; ich freue mich, dir etwas darüber zu erzählen«, meinte sie und führte mich und die anderen Frauen in einen nahen Hain von Kasuarinenbäumen. Während wir uns im Schneidersitz in den Sand setzten, folgten uns alle Männer und nahmen um uns herum Platz. Sie sagten nichts und verharrten in respektvollem Schweigen; durch ihre Haltung wurde deutlich, dass diese Frau bei ihnen Verehrung genoss. Doch es war schwierig zu entscheiden, was genau sie war. In einem Moment ähnelte sie einer großen, füllig gebauten Menehune, im nächsten einem Menschen.

»Du kannst mich Daisy nennen«, begann sie. Ich wusste, sie gab mir ein Pseudonym, wahrscheinlich aus demselben Grund, aus dem Lloyd seinen richtigen Namen nicht nennt. Beide wollten für neugierige Menschen unerreichbar sein, die sie sonst vielleicht zu sich rufen würden. Doch ich begriff auch, dass sie damit die Situation auflockern wollte.

»Wie du siehst«, fuhr sie fort und deutete auf die Männer und Frauen um uns herum, »besitzt jeder von uns persönliche Tattoos. Wir nennen sie *Kakau*, in denen unser Leben aufgezeichnet wird. Manche Kakau dienen dem Schutz, während andere wichtige Ereignisse in unserem Leben markieren – sogar unsere spirituelle Bestimmung ist festgehalten. Weitere Kakau stehen für unser familiäres Erbe und den Status in der Gemeinschaft. Hast du bemerkt, dass Männer oft mehr Tattoos als Frauen haben?

Das ist ein Zeichen für ihren Mut, denn es ist sehr schmerzhaft, sich ein Tattoo machen zu lassen.

Unsere Kakau werden nur in Schwarz gemacht, anders als bei den Menschen heutzutage«, fügte sie mit einem abschätzigen Blick hinzu. »Unsere Haut wird mit einem scharfen Werkzeug, zum Beispiel dem Schnabel eines Vogels oder einer Kralle, durchstochen, und danach wird eine Mischung aus Ruß und Asche in den Schnitt gerieben.

Männer haben ihre Kakau traditionellerweise an den Armen, den Beinen, im Gesicht und auf dem Körper«, erklärte Daisy, wobei sie langsam auf die jeweilige Stelle deutete, an der jeder der Männer aus der Gruppe seine Tattoos hatte. »Wir Frauen haben die Kakau normalerweise auf den Händen, Handgelenken oder sogar auf der Zunge«, fügte sie hinzu und öffnete stolz den Mund, um mir ihr Tattoo zu zeigen.

Fasziniert von ihrer Erklärung fiel mir ein, wie ich mir vor langer Zeit überlegt hatte, einen kleinen bunten Schmetterling auf meinen Hintern tätowieren zu lassen. Ich hatte jedoch diesem Drang nicht nachgegeben, aus Angst, wie das Tatoo in späteren Jahren auf schlaffer Haut aussehen würde. Die Frauen begannen hinter vorgehaltener Hand zu lachen. Die Männer versuchten, keine Miene zu verziehen, als sie wissend an ihre eigenen Erfahrungen mit Frauen dachten. Lloyd hingegen trug den inzwischen schon bekannten Ausdruck zur Schau: »Da seht ihr mal, was es bedeutet, mit einem weiblichen Menschen zu tun zu haben.« Einerseits war es als Witz gemeint, andererseits nachsichtiges Verständnis und auch Stolz auf sich und unsere langjährige Beziehung.

Da mir allmählich etwas unwohl war ob ihrer Fähigkeit, alle meine Gedanken zu lesen, wechselte ich schnell das Thema, weg von mir und zurück zu Tattoos: »Könntest du mir ein paar der Bilder in den Kakau genauer erklären«, bat ich und merkte, dass Daisy mich voller Verständnis ansah.

»Durchaus«, meinte sie, und mit der Autorität einer erfahrenen Rednerin zog sie die Aufmerksamkeit wieder auf sich. »Eines unserer beliebtesten Kakau ist das Abbild einer Mo'o. Viele Hawaiianer – damit meine ich Menschen – denken, dass dieses Tattoo eine übernatürliche Eidechse oder ein Gecko für Gesundheit ist, aber in Wirklichkeit stellt es eine Mo'o dar, mit der unsere Mo'okane verwandt sind. Wir verwenden auch Motive von Blumen, besonders Hibiskus und Orchideen, welche auf Hawaii heimisch sind. Dann gibt es noch die Meeresschildkröte für langes Leben und Fruchtbarkeit, und wir haben sogar Kakau mit Muschelmotiven, die für Reichtum und Wohlstand stehen.«

Nach ihren letzten Worten erhoben sich alle Frauen gleichzeitig in großer Anmut. Ich beeilte mich, es ihnen nachzutun, denn es war klar, dass unsere gemeinsame Zeit vorbei war. »Danke für deine Erläuterungen«, sagte ich zu Daisy, »ich hoffe, dass wir uns wieder sprechen.«

»Ganz sicher werden wir das«, antwortete sie lächelnd, »und sag deinem Leprechaun-Freund, dass es uns gefreut hat, ihn ebenfalls kennenzulernen.«

Sie sprach ihn nicht direkt an, sondern zog es – wie ich fasziniert bemerkte – vor, ihm über mich eine Nachricht zukommen zu lassen. Vielleicht wurde in einer traditionellen Menehune- und Mo'okane-Gemeinschaft mit seltsamen Männern aus Irland so verfahren. Bei ihren letzten Worten verschwanden sie und die anderen fast augenblicklich. Nur Lloyd blieb.

»Alle Mo'o und Menehune, gar nicht zu reden von den Ahnen, sind in der Lage, sich willentlich zu de-manifestieren«, sagte er, meine Nachfrage vorwegnehmend. »Tatsächlich denke ich, dass ich genau das jetzt auch demonstrieren werde«, fügte er hinzu, als er sich ebenfalls auflöste, immer noch über seinen Witz auf Kosten »des Menschen« lachend.

Ich machte mich auf den Weg zurück zu Simon, der mit nacktem Oberkörper in der Sonne vor sich hindöste. Als ich ankam, regte er sich und setzte sich auf. »Hast du inzwischen Leppie getroffen?«, fragte er.

»Ja«, antwortete ich, als Simon aufstand und sein T-Shirt wieder überzog.

»Und was ist passiert?«

»Kann ich es dir im Gehen erzählen?« fragte ich zurück und schaute sehnsüchtig auf den verlockenden Ozean. »Ich könnte ein Bad im Meer vertragen. Wie toll wäre es doch, wenn wir uns einfach dorthin teleportieren könnten, so wie Leppie das anscheinend kann, eh?«

SPÄTER AM NACHMITTAG – DER KAHUNA SPRICHT

Nachdem Simon und ich im Meer geschwommen waren, saß ich etwas später allein auf der Veranda und genoss ein Glas kühlen Weißweins, während er einer seiner liebsten Freizeitbeschäftigungen nachging – Surfen im Netz. Ich schaute den Wellen zu, die in der Ferne ans Ufer rollten, und genoss selig die sich wiegenden Palmen, die späte Nachmittagssonne und so gut wie alles an diesem Ort. Immer wieder zogen Fragen durch mein Hirn, die ich Lloyd stellen wollte, falls er wieder einmal auftauchen würde.

»Fraget und ihr werdet Antwort erhalten«, begrüßte er mich, als er sich prompt in einen Liegestuhl neben mir plumpsen ließ. An allen Stellen seines Körpers, die unter seinem Bademantel hervorschauten, zeigte sich ein feuerroter Sonnenbrand. Um sein puterrotes Gesicht zu beschatten, trug er einen übergroßen, breitkrempigen Strohhut und eine kolossale Sonnenbrille. Weil er am Morgen nur den Kleeblatt-Sarong getragen hatte, war zu viel seiner zarten weißen Haut bloß gewesen. Vielleicht, um die Schmerzen zu lindern, hatte er einen gigantischen Mai Tai in einem großen Krug dabei.

»Du solltest mit diesen alkoholischen Fruchtdrinks ein bisschen aufpassen «, sagte ich fürsorglich. »Sie hauen sehr viel stärker rein als ein Krug deines geliebten Guinness.«

»Um mich brauchst du dir keine Sorgen zu machen«, beruhigte er mich. »Wenn ich etwas weiß, dann, dass ich Alkohol vertrage.«

Als Beweis zog er sich durch einen dicken Strohhalm ein Viertel des Mai Tai rein. »Das fühlt sich schon besser an«, erklärte er, als er wieder Luft holte. »Welche Fragen hast du also?«

»Erstens«, sagte ich und nahm, da ich mich über ihn lustig machen wollte, ebenfalls einen kräftigen Schluck von meinem Wein (schließlich vertrug auch ich Alkohol!). »Was passierte gestern in deiner Zeremonie in den Bergen, nachdem ich weg war?«

»Ich wurde zu einem Kahuna gemacht«, lächelte er stolz.

»Das ist großartig! Gibt es traditionellerweise nicht ungefähr vierzig Arten von Kahuna, zum Beispiel Zauberer und Heiler? Welche Art Kahuna bist du also jetzt?«

»Ein Kahuna kann ein Experte auf vielen Gebieten sein; *natürlich* bin ich ein Experte auf dem Gebiet der Elementargeister, die Partner von Menschen sind«, sagte er und starrte mich beifallheischend über den Rand seiner Brille hinweg an.

»Das bist du tatsächlich«, pflichtete ich ihm bei. »Kannst du mir sagen, ob es noch weitere Kahuna auf deinem Gebiet gibt? Und macht das mich auch zu einer Kahuna?«

»Zwei Fragen. Habe ich dich nicht schon Tausend Mal gebeten«, er stöhnte gereizt, »nur *eine* Frage auf einmal zu stellen? Ich werde also zuerst die erste Frage beantworten: Ja«, erklärte er kurz und bündig und schlürfte weiter an seinem Mai Tai.

»Ich wüsste ein bisschen mehr Information zu schätzen«, meinte ich, wohl wissend, wie sehr er es genoss, seine Kenntnisse vorzuführen.

»Wenn du schon fragst: Auf der ganzen Welt gibt es mehrere Kahuna, deren Spezialgebiet Elementarwesen und menschliche Partnerschaften ist, aber den Begriff Kahuna verwenden wir nur hier auf Hawaii. Ich nehme nicht an, du willst auch noch wissen, was Elementargeister wie ich alles tun müssen, damit sie zu unserer Art eines Kahuna werden können?«

»Oh, ich würde das schon gerne hören«, antwortete ich, da er offensichtlich darauf brannte, es mir zu erzählen.

»Als erstes muss man dem Orden von Elementarwesen beitreten, die mit Menschen arbeiten, wie das die Menehune und Mo'okane der Dünen heute gemacht haben. Als zweites finde ich den perfekten Menschen als Partner für sie. Übrigens warst du durch deine Workshops und Bücher eine große Hilfe beim Auffinden solcher Menschen.

Als nächstes beginnt das Elementarwesen eine Lehre. Einige von uns älteren unterstützen diese Lehrlinge, damit sie an ihrem Menschen dranbleiben. Wir wollen sehen, ob sie die Sache durchziehen können. Wenn das der Fall ist, werden sie zu einem mittleren Experten. Das geht so weiter, bis sie in der Lage sind, mit verschiedenen Arten von Menschen und Elementargeistern zu arbeiten. Wenn sie schließlich auch diese Lektion gelernt haben, sind sie ein wirklicher Experte. *Dann* können sie den nächsten Schritt tun, das heißt, sie studieren mit anderen Arten, wie den Mo'okane und Menehune. Wir nennen das aufbauendes Studium.«

Er holte tief Luft und nippte dann wieder an seinem Mai Tai. Inzwischen war der Krug fast leer, und er wartete geduldig, dass ich etwas erwiderte.

»Wie lange dauert dieser gesamte Prozess?«

»In meinem Fall – da ich schnell lerne – dauerte es ein paar Jahrzehnte, bis ich gelernt hatte, mit Menschen zu arbeiten, doch manche Elementargeister schaffen es nie bis ans Ziel. Irgendwann finden sie es langweilig, sich um die Menschen zu kümmern und darauf warten zu müssen, bis diese die Lektionen kapieren, die ihnen das Elementarwesen beibringen will«, meinte Lloyd mit einem Seufzer in der Art: »Mit was ich mich herumschlagen muss!«, wobei sein rundlicher Bauch heftig wackelte.

»Dem Himmel sei Dank, dass du mit mir und den anderen Menschen so geduldig bist«, scherzte ich, gerne bereit, sein kleines Spiel mitzuspielen. »Und wie viele Elementarwesen gehen, wie du, weiter zum aufbauenden Studium?«

»Oh, das ist ziemlich selten. Es ist so etwas wie euer Promovieren. Es bedeutet, mit höheren Frequenzen zu arbeiten, nicht den niedrigeren, auf denen die meisten Menschen existieren. Du, meine Liebe, bist davon ausgeschlossen, ebenso wie andere spirituelle Menschen.«

Irgendwie besänftigt, fragte ich: »Wenn du also ein Ehren-Kahuna bist, bin ich dann ebenfalls eine?«

»Da haben wir's, du willst ein Kompliment hören! Na gut. Du erfüllst die Rolle der Kahuna in diesem Leben auf vielerlei Weise. So wie die von den Hawaiianern *Kuhikuhi pu'uone* genannte Kahuna, welche die Orte zum Bau von heiligen Tempeln festlegt, hast du zum Beispiel über zweiundzwanzig Jahre lang Menschen an heilige Stätten überall auf der Welt geführt. Wie eine *Kikokilo* sagst du zukünftige Ereignisse voraus, und wie eine *Lapa'au* bist du eine Heilerin. Es zieht dich nach Hawaii, weil du hier schon viele Leben hattest. Selbst beim Tanzen sind deine Bewegungen wie beim *Hula.*«

Lloyd schlürfte die letzten Tropfen seines Mai Tai und machte sich bereit zum Gehen.

»Moment mal, du hast mir immer noch nichts über deine Kahuna-Einweihung in Kokee erzählt«, drängte ich ihn.

»Da hast du recht«, gab er zu – und verschwand.

Ich saß auf der Veranda und dachte über die Stimmigkeit in den Worten des Leprechaun nach. Des Öfteren schon hatte ich »Flashbacks« (plötzliche Rückerinnerungen) von einem sehr traditionellen Leben in einem kleinen hawaiianischen Dorf gehabt. Da war ich eine Frau und verbrachte einen großen Teil meiner Zeit mit anderen Frauen, auch die Mahlzeiten fanden ausschließlich in weiblicher Gesellschaft statt. In diesen Visionen fühlte ich mich von dem, was ich intuitiv als das Kapu (Tabu) der Geschlechtertrennung erkannte, nicht eingeschränkt. Aufgrund dieser Erinnerungen überraschte es mich nicht, dass die Frauen aus den Dünen nicht direkt mit den Männern zu tun hatten. Wenn ein Geschlecht sprach, hielt sich das andere zurück. Bei weiterem Nachsinnen erstaunte es mich, dass der männliche Mo'okane am Wailua River, in Kokee und in den Dünen sich mit mir unterhalten hatte. Ich war dankbar, dass sie mich aufgenommen hatten und folgerte, dass ihnen klar sein musste, dass die direkte Kommunikation zwischen den Geschlechtern entscheidend war, wenn sie mit Menschen in Kontakt treten wollten.

Daisy blieb mir ein Rätsel. Nicht nur, dass sie größer und nicht so gekleidet war wie die anderen, ich ahnte auch, dass hinter ihrer weichen, weiblichen Erscheinung tiefe Weisheit lag. Als ich mich fragte, warum sie mir etwas beibrachte, vermutete ich, dass sie mich auf etwas vorbereiten wollte. So sehr ich auch meinen Leprechaun-Gefährten liebte, war ich doch froh und erleichtert, eine Frau zur Freundin zu bekommen, und ich nahm an, dass dieses tröstliche Gefühl aus meinen hawaiianischen Leben mit anderen Frauen stammte. War es möglich, dass ich sie von damals kannte?

Die Tage im Januar sind kurz, und die Dämmerung rückte schnell näher. Während ich noch nachdenklich auf meinem Stuhl saß, ließ sich auf den Palmen ein Schwarm Halsbandsittiche nieder, offensichtlich auf der Suche nach einem nächtlichen Schlafplatz. Sie sind lustig und klug, und ich freute mich an ihrem Kreischen und ihren Flugkünsten, während sie sich die besten Plätze für die Nacht suchten. Ursprünglich kamen diese Vögel als Haustiere aus Afrika, und jetzt vermehren sie sich von Holland bis Hawaii in freier Wildbahn. Trotz ihrer Schönheit sind sie für die Bauern eine Plage, denn sie fressen Samen, Früchte und Knospen und können in sehr kurzer Zeit ganze Obstgärten zugrunde richten.

Es wurde dunkel und, dem Beispiel des Leprechaun folgend, leerte ich mein Glas und begab mich ins Haus, um das Abendessen zu bereiten. »Mit Freude gefüllte Tage voll des Lernens« schien das Thema dieses Hawaii-Urlaubs zu sein.

MENEHUNE DER NA PALI-KÜSTE

Vor 38 Jahren, als ich noch ein junges Ding war, war ich zum ersten Mal nach Kauai gekommen, zusammen mit Bill, meinem damaligen Partner. Beide waren wir leidenschaftliche Wanderer; ganz besonders angetan waren wir von der Schönheit der Natur. So hatten wir die Einheimischen gefragt, ob sie uns gute Wanderrouten nennen konnten.

»Natürlich«, hatten sie gemeint. »Einer der besten Wanderwege der Welt führt entlang der Na Pali Coast im Nordwesten von Kauai.«

Dieser majestätische, etwa fünfundzwanzig Quadratkilometer große Staatspark kann nur zu Fuß begangen werden, und die etwa vierundzwanzig Kilometer lange Strecke entlang der zerklüfteten Küstenlinie am Anfang des Parks ist ein Mekka für Wanderer. Sie wurden von den rund 1.220 Meter hohen Klippen oder *Pali* angezogen, die hoch über goldenen Sandstränden und tiefen Dschungeltälern aufragen.

Innerhalb eines Tages hatten wir unsere Rucksäcke für ein mehrere Nächte dauerndes Abenteuer gepackt. Unglücklicherweise kam uns gar nicht in den Sinn, mit schlechtem Wetter zu rechnen – ein törichtes Versäumnis, da das Gelingen unseres gesamten Unternehmens davon abhing. Die Na Pali-Küste ist für reichliche Regenfälle bekannt, doch wir waren schließlich schon früher im Regen gewandert... wie schlimm konnte es schon sein?

Die Antwort lautet: *schlimm.* Vom Beginn unseres Aufstiegs an hatte es geregnet, doch da wir noch nie zu denen gehört hatten, die vor einer Herausforderung zurückschreckten, stapften wir weiter. Immer höher hinauf quälten wir uns; sturzflutartig prasselte der Regen auf uns herab und verwandelte den roten Boden in rutschigen Morast. Viele Male waren wir kurz davor, von Steinen abzurutschen und uns die Knöchel zu brechen oder über die gefährlichen Klippen ins Meer zu stürzen. Dieser steile Aufstieg dauerte ungefähr drei Stunden, danach kamen weitere Stunden eines steilen Abstiegs, bis wir uns endlich unsere Niederlage eingestehen mussten und zum Ausgangspunkt des Weges zurückschlichen, oder sollte ich lieber sagen: zurückschlitterten. Vollkommen durchweicht und enttäuscht, hatten wir trotzdem den Göttern und Göttinnen des Berges gedankt, dass wir noch alle Knochen beisammen hatten.

Und hier waren wir also heute: Mein neuer Partner, der einen dreifachen Bypass bekommen hatte, und ich, die ich ein Jahr lang wegen einer Rückenverletzung von einem Autounfall außer Gefecht gewesen war. Aber... es war ein wunderschöner Tag, und um viertel vor vier Uhr befanden wir uns am Ke'e-Strand, wo der Ausgangspunkt des Na Pali Coast Trails liegt.

»Lass uns einfach die erste Etappe des Weges machen«, schlug ich Simon vor. »Schließlich ist die nur etwa sechseinhalb Kilometer lang, und wir können leicht vor dem Dunkelwerden wieder zurück sein.« Ganz offensichtlich hatte ich ein kurzes Gedächtnis...

Simon war einverstanden, und wir machten uns bereit. Jeder hatte eine halbe Flasche Wasser dabei, aber wie viel würden wir schon brauchen?

Er wollte Sandalen tragen, aber in Erinnerung an die Steine auf diesem Weg drängte ich ihn, Wanderschuhe anzuziehen.

Und los ging's! Guten Mutes begannen wir unseren Marsch; innerhalb von Minuten keuchten und schwitzten wir. Als wir uns den Pfad hochkämpften, trafen wir auf andere Wanderer, die schon auf dem Rückweg waren. Trotz der Wanderstöcke und Stecken, die sie dabei hatten, waren ihre Beine verdreckt und bei manchen auch voller Blut. Ich hatte meinen Wanderstock zu Hause gelassen und betrachtete die ihren voll Neid.

Immer weiter kletterten wir hinauf, und als die Aussicht immer noch schöner wurde, sahen wir uns in unserem Abenteuer bestätigt. In meinem Hinterkopf hielt sich die immer gegenwärtige Hoffnung, dass vielleicht die Menehune der Na Pali-Küste kämen, um mit mir zu reden. Immerhin befolgte ich getreu die Anweisungen der Regenbogen-Deva vom geheimen Wasserfall.

Nach einer Stunde erreichten wir einen Pass; vor uns sahen wir die hoch aufragenden Klippen und unter uns die blauen Brandungswellen. Traumhaft – und was noch besser war – kein Regen! Wir begannen unseren Abstieg in das nächste Tal, von dem wir annahmen, es wäre unser Ziel. Doch als wir unten ankamen, mussten wir erkennen, dass der Weg wieder anzusteigen begann. Aber wir wollten uns nicht entmutigen lassen und marschierten weiter, durch Bäche hindurch und an traumhaften, rauschenden Wasserfällen vorbei. Üppig grüner Farn, verschiedenartige Palmen, wilder Ingwer und eine Fülle von gelben, blauen und weißen Wildblumen erfreuten unsere Augen, und zutrauliche Vögel begleiteten uns singend und rufend. Besonders auffällig waren die prächtigen Roten Kardinalsvögel und die niedlichen Finken mit rostroter Brust und grauen Flügeln mit weißen Spitzen. Sie flatterten um uns herum und leisteten uns auf unserem Weg Gesellschaft.

Und immer noch stapften wir hinauf und wieder hinunter. Oft mussten wir Halt machen, um wieder zu Atem zu kommen und sparsam einen Schluck aus unseren Wasserflaschen zu trinken. Schweißgebadet begannen wir schließlich den endgültigen Abstieg in das Hanakapi'ai-Tal, wo es einen beeindruckenden Sandstrand geben sollte. Ich weiß nicht, wo dieser Strand hätte sein sollen, denn stattdessen wurden wir von drei Meter hohen Wellen begrüßt, die ohrenbetäubend gegen schwarze Vulkanfelsen krachten. Vorsichtig kletterten wir weiter, um näher, aber nicht zu nahe ans Ufer zu kommen. Auf einer Reihe von Schildern wurden wir aufgefordert, Abstand zum trügerischen Strand zu halten. Selbst bei ruhiger See kann die Rippströmung einen leicht ins Meer hinausziehen, und auf einem Schild war zu lesen, dass an dieser Stelle schon sechsundachtzig Unglückliche ihr Leben gelassen hatten.

Da wir die Wanderung als letzte begonnen hatten, war es schon spät am Tag, als wir endlich den Strand erreichten. Und dort, umgeben von dichtem Wald und wilden Guaven, blieben wir ehrfürchtig inmitten riesiger Felsbrocken vor den sich auftürmenden Wellen stehen. Hinter uns, in dem inzwischen dunklen Tal, konnten wir einen rauschenden Wasserfall hören. Simon, wie immer der Draufgänger, kletterte an den rutschigen Felsen entlang, um die Kraft des Meeres zu spüren und seine Heldentaten in einem Selfie festzuhalten. Ich blieb auf sicherem Boden und hoffte, dass am heutigen Tag nicht Nummer siebenundachtzig verlorengehen würde.

Inmitten dieser mächtigen, atemberaubenden Kräfte der Natur spürte ich, dass ich von Menehune beobachtet wurde.

»Willkommen, Schwester, wir grüßen dich.« Ein schlanker Menehune mit mokkafarbener Haut, der einen langen hölzernen Wanderstab trug, trat auf mich zu. Hinter ihm sah ich weitere lächelnde Menehune; sie erinnerten mich an Waldelfen.

»Wir haben auf dein Kommen gewartet.«

Seine Wärme war eine angenehme Überraschung angesichts der Tatsache, dass es normalerweise Lloyd war, der die Ehrungen erhielt, mit mir als seiner Helferin. Nicht, dass ich es anders haben wollte. Ich bin froh, dass er mich zu so vielen Expeditionen mitgenommen hat, so dass ich Elementarwesen und viele andere Arten kennenlernen konnte.

Meine Gedanken lesend, fuhr der Menehune fort: »Wir freuen uns immer, Lloyd zu sehen, doch heute wollen wir mit dir sprechen. Wir sind die Menehune des nördlichen Ufers, und jetzt hast du die Menehune aller vier Himmelsrichtungen kennengelernt. Als die Haole – weiße

Menschen wie du – hier zuerst anlandeten, wollten unsere Vorfahren nichts mit ihnen zu tun haben; deshalb haben wir uns in diese abgelegene Gegend zurückgezogen. Tatsächlich wollten nur wenige von uns überhaupt etwas mit Menschen zu tun haben. Doch eine Handvoll hat sich Lloyds Gruppe angeschlossen, um zu lernen, gemeinsam mit Menschen schöpferisch tätig zu sein. Wir wissen, dass das notwendig ist, um die Menehune und die Erde zu retten.

Wir bewahren die alte hawaiianische Kultur, und es gab einige wenige Menschen, die unsere Traditionen respektierten. Sie lebten in abgeschiedenen Tälern entlang dieser Küste. Ein paar tun das heute noch; sie gehen nur ein- oder zweimal im Jahr nach Lihue oder Hanalei, um dort Vorräte zu besorgen, die sie hier nicht bekommen können. Wir sind keine gesellige Gemeinschaft; wir sind gerne allein. Unser nördliches Ufer ist unzugänglich, deswegen gab es hier kein Eindringen von Menschen. Aus diesem Grund ist die Zahl unserer Mitglieder nicht so sehr geschrumpft wie in anderen Teilen von Kauai.«

Ich hörte schweigend zu und nahm auf, was er mir erzählte. Als er fertig war, fragte ich: »Gibt es irgendetwas über eure Gemeinschaft des Nordufers, von dem du meinst, ich sollte es wissen? Vielleicht, auf welche Weise sie sich von den anderen unterscheidet?«

»Nur das, worüber wir gerade sprechen«, antwortete er knapp.

»Seid ihr im Besitz von irgendwelchen Fertigkeiten, die anders sind als bei den übrigen Menehune?« forschte ich weiter.

»In der Vergangenheit haben wir Wale gejagt, aber heute machen wir das kaum noch. Wir kommunizieren mit Walen, Haien und großen Meereswesen, und Kanaloa, der Gott des Meeres, ist unsere Gottheit und unser großer Freund.«

Neugierig, da ich von einer mysteriösen Gruppe von Menehune gehört hatte, die angeblich einst an der Na Pali-Küste gelebt hatte, fragte ich: »Kannst du mir etwas zu dem ›verlorenen Stamm‹ sagen, der bis zur Mitte des neunzehnten Jahrhunderts im Honopu Valley entlang dieser Küste lebte? Ich habe gehört, dass Archäologen Schädel von primitiven vor-hawaiianischen Menschen gefunden haben, die in diesem Tal lebten.«

»Die Schädel gehören zu Hybridwesen, die aus der Paarung von Menehune mit Menschen hervorgegangen sind«, antwortete er. »In frühen Zeiten haben sich Menehune mit polynesischen Menschen gekreuzt, weil unsere Völker viel gemeinsam hatten, wie den Respekt vor dem Land und allen wachsenden Dingen. Die Menschen, die in den abgeschiedenen Tälern entlang der Küste lebten, kannten und respektierten unser Volk, deshalb war das ein natürlicher Prozess; beide Arten profitierten von diesem Kontakt.«

»Ich habe gehört, als Europäer und Amerikaner eine Volkszählung durchführten, gaben achtzig hawaiianische Familien an, sie hätten Menehune-Blut.«

»Das stimmt auch, doch die Menschen, und besonders die Haole, glauben nicht immer, was man ihnen sagt.« Bei seiner letzten Bemerkung war seinem Lächeln ein leiser Sarkasmus anzusehen.

Wenn es überhaupt jemanden gibt, der an Hybriden glaubt, dann bin ich das, deshalb fiel es mir leicht zu antworten: »Ich glaube dir deine Geschichte. Das würde heißen, dass die Menehune physische Vorfahren vieler Menschen sind, die heute auf Hawaii leben.«

»Ja, aber wir sind mehr als das. Die Menschen, besonders westliche Wissenschaftler, glauben, dass Hybriden nur geschaffen werden können, indem ein Wesen durch das genetische Material einer anderen Art körperlich befruchtet wird. Jedoch wird auch die spirituelle Essenz der beiden Wesen an ihre Hybriden weitergegeben. Ich kann sehen, dass du das verstehst, aber es gibt etwas Wichtiges, was du nicht erkennst. Wie so viele Haole hast auch du einen blinden Fleck.«

»Bitte sag mir, was ich nicht sehe, und hoffentlich werde ich das in Zukunft ändern können«, bat ich ihn inständig.

»Das genau ist das Problem«, entgegnete er. »Obwohl du in der Lage bist, mit Wesen wie uns zu sprechen, die in anderen Dimensionen leben – das ist das richtige Verständnis von Raum – begreifst du das Konzept von Zeit nicht halb so gut. Du betrachtest Zeit linear, von der Vergangenheit zur Gegenwart und weiter zur Zukunft. Hawaiianer, wie viele indigene Völker, wissen, dass das so nicht stimmt. Alles existiert *jetzt*. Dein nächster

Schritt wird die Erkenntnis sein, dass deine Ahnen lebendig sind und dich beeinflussen, sowohl physisch als auch spirituell, und zwar genau jetzt. Unglücklicherweise haben Haole diese Verbindung mit den Ahnen verloren. Zusammen mit den Vorfahren in anderen Ländern versuchen wir gerade, diese zerbrochene Verbindung wieder herzustellen. Der erste Schritt besteht darin, dass die Menschen wieder an uns glauben. Wie sonst könnten wir euch helfen?«

Theoretisch wusste ich, dass er recht hatte und dass alles in der Gegenwart existiert. Haben das nicht alle spirituellen Lehrer gesagt? Dennoch empfand ich bei mir eine Kluft zwischen der Theorie und der Umsetzung dieser Einsicht im wirklichen Leben. Als ich darüber nachsann, legte der Menehune noch einmal nach.

»Vielleicht möchtest du bei deinen Überlegungen auch berücksichtigen, wer deine hawaiianischen Ahnen sind.« Mit dieser phantastischen Botschaft zog er seine Energie zurück, womit er mir signalisierte, dass unser Gespräch beendet war.

Mir wurde klar, dass dies das erste Mal war, dass ich Menehune ohne Mo'okane gesehen hatte. Und der Unterschied zwischen ihnen wurde zunehmend verschwommener, da viele von ihnen eine ähnliche Größe, Körperform und Hautfarbe hatten, ganz abgesehen davon, dass sie die gleiche Art Kleidung trugen. War es möglich, dass sie sich ebenfalls vermischten, um Hybriden hervorzubringen?

Das Tageslicht nahm sehr schnell ab, und ich wandte meine Aufmerksamkeit wieder unserer Wanderung zu. In diesem Augenblick winkte Simon triumphierend vom Gipfel eines steilen Felsens. Es war jetzt kühler, und eilig machten wir uns auf den Rückweg. Inspiriert von den Worten des Menehune, grübelte ich auf dem Weg noch lange über seine Botschaft nach.

Obwohl wir vorsichtig einen Fuß vor den anderen setzten, rutschten wir doch mehrere Male im Morast aus und wären ein paar Mal beinahe auf die scharfen Steine gestürzt. Schweigend folgten wir unserem Pfad und erreichten schließlich, nur Minuten, bevor es vollkommen dunkel wurde, den Ausgangspunkt des Trails: müde und erfüllt… ein wunderbarer Tag!

ELEMENTARWESEN VON MAUI

Am nächsten Morgen wurde ich noch vor Sonnenaufgang von den lärmenden Sittichschwärmen geweckt. Ich erhob mich von meinem Nachtlager auf der Veranda, nahm mir einen Stuhl und wickelte mich gegen die Morgenkälte fest in eine Wolldecke. Eine Weile saß ich ganz still da, bis mein Leprechaun-Freund erschien. Wie ich, war auch er in eine Decke gehüllt, die eine bemerkenswerte Ähnlichkeit mit meiner aufwies.

»Deine Wanderung gestern war wirklich beeindruckend. Gut gemacht, für ein altes Mädchen wie dich«, lachte er – der einzige auf der Veranda, der diese Worte amüsant fand.

»Mir ist nicht entgangen, dass *du* bei der Wanderung gefehlt hast«, antwortete ich. »Zu anstrengend für dich?«

»Niemals. Wir Iren sind fitter als Nordamerikaner.«

Die Worte »wie du« schluckte er hinunter, aber sie schwangen natürlich mit.

Ich wechselte das Thema und kam zu meinen offenen Fragen. »Spaß beiseite, ich würde gerne mehr über die Mo'okane und ihre Beziehung zu den Menehune wissen. Außerdem: Gibt es irgendwelche Elementargeister auf Hawaii?«

»Fangen wir mal bei den Elementarwesen an!« – sein Lieblingsthema, schließlich gehörte er dazu. »Als du vor ein paar Jahren auf Maui warst, hattest du zwei Erlebnisse mit Elementarwesen«, antwortete er.

Im ersten Moment war ich verwirrt, erinnerte mich dann aber an die Zeit, als ich mit ein paar Freunden im heiligen Iao Valley auf Maui wandern war: Die Hauptattraktion des Tales ist die Iao Needle, eine Verlängerung der Klippen der West Maui Mountains (Berge im westlichen Teil Mauis), und das Gelände eines erloschenen Vulkans. Busladungen von Touristen waren am Eingang versammelt, um einen Blick auf die Nadel zu werfen, aber meine Freunde und ich interessierten uns mehr für das verlassene Tal. In alten Zeiten war das Tal *kapu* (tabu) für alle, außer den Angehörigen des hawaiianischen Königshauses. Sie lebten hier und begruben hier auch ihre Toten. Hawaiianische Ali'i hatten geglaubt, dass das *Mana*, die spirituelle Lebenskraft ihrer Knochen, ihren Feinden Macht verleihen würde und den Nachkommen sogar schaden könnte. Aus diesem Grund hatten sie dafür gesorgt, dass niemand diese heilige Beerdigungsstätte besuchen konnte.

Die Macht des Tales ist deutlich spürbar, was wahrscheinlich der Grund war, warum die Ali'i beschlossen hatten, hier zu leben. Auch die Armee Mauis hatte diese Stelle ausgewählt, um gegen König Kamehameha den Großen zu kämpfen, als er im Jahr 1790 auf der Insel eingefallen war. Kamehameha jedoch hatte die Krieger Mauis besiegt und war, mit Hilfe ihres Mana und das ihrer im Tal beerdigten Ahnen, in der Lage gewesen, ganz Hawaii unter seiner Herrschaft zu vereinen.

Friedlich wanderten wir am Fluss entlang, den gewundenen Pfad zurück zum Ausgang des Tales. Da hatte ich das Gefühl, von unsichtbaren Wesen aufgefordert zu werden, meine Freunde am Ufer zu versammeln.

Als ich eine Präsenz hinter mir spürte, drehte ich mich um und sah einen wunderschönen, aus dem Nebel ragenden Berggipfel, von dem ein großes Lichtwesen ins Tal herabstieg, um mit uns zu sprechen. Wie die Deva der geheimen Wasserfälle von Uluwehi war auch dieses Wesen weiblich. Ihr Körper war unscharf, mit Ausnahme ihres dreieckigen Gesichts mit leicht schrägen Augen und einem gezackten Strahlenkranz um den Kopf; er ähnelte steil aufgestellten Haaren. Die Deva schimmerte vor Licht.

»Willkommen in meinem heiligen Tal. Ich bin die Hüterin, die hier wohnt«, sprach sie mich an. »Ich höre in deinen Gedanken, dass dein erster Eindruck mich mit den Wesen in Verbindung bringt, die von den ersten Völkern Neuseelands ›Kinder des Nebels‹ genannt werden.«

»Diese Wesen sind verwandt mit den Sidhe von Irland«, bestätigte ich telepathisch. »Gilt das auch für dich?«

»Ich betrachte mich selbst nicht in dieser begrenzenden Definition, doch es besteht eine Verwandtschaft. Ist dir aufgefallen, dass wir alle im Nebel leben? Die hawaiianischen Ali'i entschieden sich für diese dunstigen Orte, weil wir, die Beschützer des Landes, hier leben. In diesem Tal ist der Schleier zwischen der physischen Welt und den höheren Ebenen der Götter dünn. Deshalb konnten die Ali'i und bestimmte priesterliche Zweige der Kahuna sich hier gut auf das Heilige und Göttliche der geistigen Welt einstimmen und leichter mit uns kommunizieren. Wir sind die Lehrer, die Hüter, die Ahnen. Wir sind das Sprachrohr der Götter.«

Überwältigt von ihrer reinen Präsenz, teilte ich bereitwillig ihre Botschaft mit meinen Freunden. Zum Dank wollten wir ihr etwas zurückgeben; also nahmen wir das Flusswasser in diesem heiligen Tal, um uns zu reinigen und unsere Herzen zu öffnen, damit wir fähig wären, sie und das weibliche Herz Mauis noch tiefer zu lieben. Als wir fertig waren, gingen meine Freunde voraus. Da wurde ich auf mehrere kleine Wesen aufmerksam, die auf mich zukamen. Sie hatten eine leicht grünliche Färbung, reichten mir ungefähr bis zur Hüfte und hatten lange Arme und Beine. Sie besaßen rote Haare, die genauso vom Kopf abstanden wie der Strahlenkranz der Deva des Nebels.

Die Deva bemerkte, dass meine Aufmerksamkeit sich den kleineren Wesen zugewandt hatte, und sagte: »Ich bin eine Vorfahrin dieser Kleinen. Sie sind mit der Art verwandt, die du als Elementarwesen betrachtest.«

Eines der kleineren menschenähnlichen Wesen sprach mich an: »Wir leben schon seit uralter Zeit in diesem Tal. Wir haben die ersten Hawaiianer gelehrt, wie sie in Harmonie mit dem Land leben können, gemäß dem Plan der Natur. Die Ströme von vier Flüssen führen durch diese Ebene. Deshalb wurden hier sehr viel mehr Getreide und Nutzpflanzen angebaut als im Rest von Maui, und es lebten Tausende von Menschen in der Umgebung. Wir halfen ihnen, im Tal mehr als dreihundert unterschiedliche Arten der Taro-Pflanze anzubauen und sie als Nahrung zuzubereiten. Wir brachten den Hawaiianern bei, dass Taro ihr älterer Bruder ist. Noch heute ist Taro heilig; niemandem ist es gestattet, im Angesicht einer Schale mit Poi – einer Speise, die aus Taro hergestellt wird – zu streiten. Weißt du, Taro ist nicht nur ein stark stärkehaltiges Nahrungsmittel. Die Pflanze hat darüber hinaus Blätter in Form eines Herzens, und ihr Körper ähnelt dem eines Menschen, deshalb behandeln wir die Pflanze auch wie Medizin.«

Als das kleine grünliche Wesen fertig war, schaute es zu meiner rechten Seite. Ich folgte seinem Blick und bemerkte Lloyd, der den Erklärungen ebenfalls zugehört hatte. Ich war überrascht, ihn zu sehen, weil ich mich nicht erinnern konnte, dass er, als ich dieses Erlebnis auf Maui hatte, überhaupt da war.

»Weil ich *damals* nicht hier war«, sagte er lächelnd. »Hast du vergessen, dass Elementarwesen nicht nur im Raum, sondern auch in der Zeit reisen können? Ich wollte dich in diese Zeit begleiten, weil ich dir helfen möchte, dich daran zu erinnern, dass du vor ein paar Jahren diese Elementargeister auf Maui getroffen hast. Du hast sie damals nicht gefragt, zu welcher Art sie gehören, deshalb haben sie es nicht erwähnt.«

Während Lloyd sprach, hörte das rothaarige Elementarwesen respektvoll zu. Nachdem der Leprechaun fertig war, sprach es zu mir: »Ich freue mich, dass Lloyd dich jetzt hergebracht hat, damit wir uns wiedersehen. Deine Erinnerungen an die verschiedenen Mo'okane und Menehune, die du auf Kauai getroffen hast, sind in deinem Mana, der Energie deiner Lebenskraft, aufgezeichnet. Für dich ist das deine ätherische Blaupause oder auch dein Körperelementarwesen. Wir Hüter der Natur lesen diese Blaupause so leicht, wie du denkst und sprichst. Auf diese Weise sind wir in der Lage, an den Erfahrungen teilzuhaben, die du auf Kauai mit unseren Brüdern und Schwestern hattest.«

Ich war fasziniert von der Art, wie sich diese Wesen begegnen konnten, allein durch meine Erinnerungen an sie. »Warum besucht ihr sie nicht einfach, wenn das so leicht für euch ist, in Raum und Zeit zu reisen?«

»Das stimmt, es ist einfach«, stellte das kleine Wesen fest. »Wir möchten jedoch gerne deine Gedanken über sie hören, denn wenn wir uns in deiner physischen Gegenwart befinden, verändert dein Mana uns.«

»Zum Guten, nehme ich an?« erkundigte ich mich lächelnd.

»Unbedingt!«

Während unseres Gesprächs hatte mein Freund geschwiegen. Jetzt beschloss er, mein lückenhaftes Gedächtnis noch einmal aufzufrischen. »Du bist schon öfter durch Raum und Zeit gereist, geradeso wie Elementarwesen. Denk doch nur an deine erste Reise nach Ägypten: Du warst in einem Hotel nahe der Großen Pyramide untergebracht, und um Mitternacht folgtest du einem inneren Ruf, zu den Pyramiden zu gehen. Was passierte dann?«

»Ich ging im Dunkeln auf die Pyramiden zu, als ich mich unversehens in einem anderen physischen Körper wiederfand, in hellstem Tageslicht und genau den gleichen Weg gehend. Diese Erfahrung werde ich nie vergessen; sie bestätigte mir nachvollziehbar die Theorie, dass es so etwas wie Raum und Zeit nicht gibt. Es war so real wie die physische Welt, es gab keinen Unterschied. In weniger als einer Sekunde sah ich Menschen entlang des Weges stehen und uralte Instrumente spielen. Ich ›wusste‹ alles über das Leben im damaligen Ägypten und über das Leben der Frau, die ich damals war, auch ihren Namen und was sie tat. Ist es so auch für euch Elementarwesen, wenn ihr in Raum und Zeit reist?«

»Es ist genau dasselbe«, antwortete der Leprechaun. »In naher Zukunft werden das alle Menschen tun, wenn sie ein Bewusstsein für die ätherischen und astralen Ebenen entwickelt haben, wo Elementarwesen, Menehune und Mo'okane existieren. In jener zukünftigen Zeit werden sie in der Lage sein, uns zu sehen und mit uns und mit anderen großen Wesen zu kommunizieren, wie mit der Deva dieses Tales.«

»Gütiger Himmel!« sagte ich zu Lloyd. »Gestern meinten die Menehune an der Na Pali-Küste, ich müsse mir bewusst werden, dass alle Zeit in der Gegenwart existiert. Eben erst habe ich mich daran erinnert, und du hast diese Erinnerung noch einmal angestoßen, indem du mich an mein ägyptisches Erlebnis erinnert hast. Hast du das absichtlich gemacht?«

»Natürlich. Was dir gestern passierte, ist für mich heute gegenwärtig, so wie die Menehune es dir gesagt haben. Ich wollte dich daran erinnern, dass du diese Realität schon erfahren hast.«

In diesem Moment unterbrach uns das Elementarwesen im Iao-Tal, um sich zu verabschieden: »Es war schön, dich zu treffen, jedoch müssen wir zurück an die Arbeit und uns um die Wesen kümmern, die im Tal wachsen. Nun, da die Menschen dort nicht länger Taro anbauen, sorgen wir für die anderen Pflanzen. Außerdem reisen manche von uns täglich zu den Feldern, wo Menschen heute noch Taro anbauen, und helfen ihnen.«

Meine Gespräche mit der Deva, dem Elementarwesen und Lloyd fanden unmittelbar im selben Augenblick statt. Genau so verhält es sich auch mit der Telepathie. Die vollständigen Bilder, Worte und Erfahrungen prägen sich mir gleichzeitig ein. Es geschieht augenblicklich und wird im Äther aufgezeichnet, so dass ich mich zu jeder Zeit darauf einstimmen kann. Die Kommentare der Menehune hatten mein instinktives Wissen in meine bewusste Wahrnehmung geholt.

Lloyd begleitete mich zurück zu meinen Freunden und zum Auto. »Ich erwähnte, dass du zwei Erlebnisse mit Elementarwesen auf Maui hattest«, sagte er. »Dieses hier im Iao-Tal war das erste, erinnerst du dich an das zweite?«

Es war nur eine Woche nach dem ersten Erlebnis gewesen: Damals besuchten vier Freunde und ich den Botanischen Garten Kula in der Nähe von Keokea. Er war wunderschön, voll von auf Hawaii heimischen Pflanzen. Als ich umherwanderte, sah ich, dass mich ein Elementarwesen beobachtete. Er ähnelte denen, die ich im Iao-Tal getroffen hatte. Aber er war größer, ging mir ungefähr bis zur Brust; seine Haare waren ebenfalls rot und standen wie in Zacken vom Kopf ab, ganz so wie der Strahlenkranz der Deva im Tal. Er trug eine Schürze und hatte eine Schaufel in der Hand. Langsam kam er näher.

»Mein Haar hat solche Zacken, damit ich Energie, wir sagen Mana, direkt als Nahrung von der Sonne aufnehmen kann«, sagte er von sich aus, meine Frage vorwegnehmend. »Die Wesen, die du im Iao-Tal getroffen hast, und ich sind in der Lage, die Energie, die wir von der Sonne empfangen, zu nehmen und direkt an die Pflanzen weiterzugeben. So helfen wir ihnen beim Wachsen. Es gibt zwar einen Menschen, der diesen Titel beansprucht, doch in Wirklichkeit bin *ich* hier der Hauptgärtner. Ich arbeite direkt mit ihm und leite ihn an. Ich arbeite gerne in diesem Garten, weil viele der Pflanzen hier auf Maui heimisch sind. Meine Mit-Gärtner und ich haben nicht den Wunsch, irgendwo anders hinzugehen.«

Während er sprach, schaute er den Pfad entlang, wo ihm ähnliche Wesen im Boden gruben; auch sie trugen Schürzen. Als ich zu ihnen hinschaute, kicherten sie verhalten.

»Wir schneiden die Pflanzen aus, die übermäßig wachsen, und düngen die anderen mit dem organischen Material, das beim Fäulnisprozess entsteht«, sagte der Hauptgärtner. »Dazu bitten wir die Elemente Wasser und Luft, jeder Pflanze das zu geben, was sie braucht. Menschen können das auch, sie müssen nur mit Hilfe ihres Geistes und ihrer Gedanken darum bitten.«

Immer begierig, zu einer besseren Gärtnerin zu werden, fragte ich nach: »Wie helft ihr den Pflanzen noch beim Wachsen?«

»Indem wir ihnen Energie und Wertschätzung schenken. Alle Wesen gedeihen durch Liebe.«

Seine Worte ließen mich an meinen eigenen Garten denken. Ich sah mich durch den Garten wandern und Blumen, Büsche und Bäume bewundern und mit ihnen sprechen. Manchen machte ich Komplimente, wie gut sie gediehen. Diejenigen, die ein wenig kränklich aussahen, fragte ich, was sie bräuchten (mehr Wasser oder weniger Schatten?) und dann versuchte ich, ihnen das zu geben.

Meine Gedanken lesend, sagte der Hauptgärtner: »Genau das ist es. Auf diese Weise fütterst du jede Pflanze.«

Ich brachte meine Gedanken wieder auf seinen Garten und fragte: »Welcher Platz in deinem Garten ist der beste Platz, wo soll ich hingehen?«

»Natürlich ist der beste Platz immer genau da, wo du bist«, sagte er lachend. »Ich muss jetzt zurück an meine Arbeit. Weiterhin viel Spaß!«

Lloyd beobachtete mich. »Die Gärtner hier und der Kleine im Iao-Tal erscheinen dir nur in einer der Formen, die sie wählen können. Mo'o, Elementarwesen und die Geister der Ahnen sind in der Lage, sich ihre Formen auszusuchen, abhängig von ihrem am stärksten entwickelten Element, von ihrer individuellen Kraft und von ihrer ursprünglichen Abstammung.«

»Wie kommt es dann, dass du für mich immer gleich aussiehst?« fragte ich nach.

»Das ist die Form, die wir beide bevorzugen, warum also nicht?« lachte er und verschwand.

Ich hatte das Gefühl, dass es weitere Informationen geben würde, entweder gemäß seiner Planung oder entsprechend göttlichem Timing. Es stellte sich heraus, dass das sehr viel länger dauern sollte, als ich angenommen hatte. Der Leprechaun war für den Rest meiner Zeit auf Kauai verschwunden, und weder die Menehune noch die Mo'okane schienen ein Interesse zu haben, mir weitere Informationen mitzugeben. Mit anderen Worten, ich bekam schließlich den Urlaub, den ich mir ursprünglich vorgestellte hatte.

EIN JAHR SPÄTER: NOCH EINMAL DIE DÜNEN

Während der folgenden Monate, wieder in Kanada, schlugen die vielen Erlebnisse aus Kauai Wurzeln in mir. Aber der Prozess war noch nicht abgeschlossen. Je mehr ich Mo'okane, Menehune und die Ahnen zu verstehen suchte, desto mehr entzogen sie sich. Umgekehrt jedoch hatte ich das Gefühl, dass sie gleichzeitig meine persönliche Reise orchestrierten, mich voranlockten und Gelegenheiten für Kontakte organisierten. Ich sehnte mich nach der sanften, spirituellen Yin-Energie von Kauai, und dann – wie die Synchronizität es wollte – luden mich drei Organisationen auf den hawaiianischen Inseln ein, auf ihren Veranstaltungen zu sprechen.

Also mietete ich eine Wohnung auf Kauai und entdeckte bei unserer Ankunft, dass wir einen Ausblick über den Prince Kuhio Park hatten, in dem ein alter *Heiau* (Tempel) liegt. Während Simon ein Nickerchen vorzog, ging ich direkt in den Park, um zu sehen, ob irgendwelche Ahnen mit mir sprechen wollten. Als ich den Park betrat, bemerkte ich, dass ich die einzige Besucherin war, was seltsam war angesichts der Bedeutung dieser historischen Stätte und ihrer zentralen Lage. Respektvoll näherte ich mich dem Heiau und setzte mich an den Eingang, ohne die Steine des Tempels selbst zu berühren.

Sofort erschienen zwei menschliche Krieger-Ahnen in gefiederten, rot-goldenen Umhängen mit dazu passenden Federhelmen auf dem Kopf. Mit Speeren an ihrer Seite standen sie in einer nicht bedrohlich wirkenden Haltung da. Obwohl sie nichts sagten, spürte ich, dass es ihre Aufgabe war, Menschen davon abzuhalten, in den Heiau hineinzugehen oder die Steine zu berühren, weil das der Stätte Energie rauben würde. Auch wenn der Heiau in der physischen Realität nicht länger vollständig war, auf den ätherischen und astralen Ebenen war er es durchaus. Die Ahnen wollten nicht, dass dieser Heiau oder irgendeine andere heilige Stätte von New-Age-Leuten mit ihren sich widersprechenden Philosophien kontaminiert würde. Selbst wenn diese Krieger nichts gegen mich persönlich hatten, wollten sie doch die Energie des Heiau, ihre eigene und die der Arbeit, die sie machten, nicht schwächen lassen.

Ratlos, was ich tun sollte, da die geistige Welt und die Ahnen mich offensichtlich an diesen Ort geführt hatten, sandte ich einen telepathischen Ruf an Lloyd, der sogleich erschien.

»Lloyd, werden sie mit dir sprechen?« fragte ich.

»Nein«, antwortete er. »Sie wollen auch mit mir nicht sprechen.«

»Hast du eine Idee, was sie versuchen, uns durch ihre schweigende Präsenz zu vermitteln?«

»Ja, … dass es genügt, wenn wir – und sie – einfach *sind*. Soweit es sie angeht, ist Sprechen nicht nötig, um ihre Wünsche mitzuteilen. Für königliche Ali'i wie diese beiden war es tabu, mit Nicht-Adligen und Fremden zu sprechen. Sie sind verwirrt, dass du, obwohl du eine Haole bist, denn du bist keine Hawaiianerin, eine so große Kraft besitzt, sehr viel Mana, was normalerweise dem Reich der Kahuna (Schamanen) und der königlichen Familie vorbehalten ist. Deshalb sind sie nicht sicher, was sie mit dir anfangen sollen.«

»Warum sprechen sie nicht mit dir?«

»Ich bin ebenfalls ein Fremder«, antwortete er, wobei er mich freundschaftlich in die Seite stupste.

»Ich habe das Gefühl, diese Ahnen warten darauf, dass etwas Gestalt annimmt – vielleicht etwas, was mit uns zu tun hat. Geht es dir genauso?« gab ich mit einem Stupser zurück.

»Unbedingt. Am besten ist es, einfach im gegenwärtigen Moment des Seins zu bleiben, denn wenn du dich in die Zukunft bewegst, verlierst du dein Mana«, meinte er mit einem Lächeln. Es freute ihn stets, wenn er einem Menschen einen Rat geben konnte.

»Hier auf dieser Tafel habe ich über Prinz Kuhio gelesen«, sagte ich und deutete auf das Schild am Eingang. »Prinz Kuhio stammt von den Königen und Königinnen von Hawaii ab; er stand an der Spitze des Königlichen Ordens von Kamehameha I, dessen Aufgabe es war, die hawaiianische Kultur zu bewahren. Tatsächlich feiern die hawaiianischen Inseln ihn noch heute, und dies hier ist sein Geburtsort.«

»Und rate mal, wer ein Ehrenmitglied eines Zweigs dieses Ordens ist?« strahlte Lloyd mit geschwellter Brust.

»Warte, warte, sag nichts. – Du?«

»Du hast es erraten! Der Orden ist nur für uns Männer, doch gibt es einen weiblichen *Unter*zweig«, antwortete er, das Wort »Unter« betonend, rein aus Spaß an einem kleinen Streitgespräch.

»Wenn wir gerade von Unterabteilungen sprechen, zu welcher *Unter*abteilung gehörst du?« Ich grinste, ebenfalls das »Unter« betonend.

»Dem Zweig für die verschiedenen Arten von Elementarwesen und Menehune natürlich. Ich nehme mein Studium der hawaiianischen Kultur sehr ernst, jetzt, da ich ein Ehren-Kahuna und all das bin.«

»Und welchen speziellen Bereich studierst du?« fragte ich und hoffte, Antworten von meinem ausweichenden Gefährten zu erhalten.

»Das ist die *große* Überraschung, die ich plane, die aber noch nicht ganz fertig ist. Es sind noch einige Proben nötig!«

Mit diesen rätselhaften Worten verbeugte sich mein Leprechaun-Freund respektvoll vor den Wächter-Ahnen und verschwand. Seinem Beispiel folgend, bedankte ich mich ebenfalls und spazierte langsam zurück zu unserer Wohnung, darauf bedacht, in einem Zustand ohne Erwartungen zu bleiben. Ich hatte vor, draußen zu schlafen mit Blick auf diesen heiligen Ort, und meine Intuition sagte mir deutlich, dass die hawaiianischen Ahnen sich zu gegebener Zeit melden würden. Warum also nicht einfach den Rest des Tages genießen!

Angesichts der Tatsache, dass es noch mehrere Stunden hell bleiben würde, beschlossen Simon und ich, einen Spaziergang in den Dünen zu machen. Simon, der immer gerne etwas Neues ausprobiert, schaute sich einen Werbeprospekt für Touristen an und entdeckte Makauwahi-Cave, eine Höhle, die weiter nördlich der Gegend lag, die wir im Jahr zuvor erkundet hatten. Ich stimmte von ganzem Herzen zu, also nahmen wir das Auto und fuhren los. Die Richtungsangaben waren etwas vage. Wir befanden uns auf einem staubigen Weg ohne Hinweisschilder und bekamen schon Zweifel, als wir auf einen einsamen Wagen stießen, dem gerade ein Mann entstieg.

»Hallo«, sagte Simon, sich aus dem Fenster lehnend. »Sind wir hier richtig auf dem Weg zu einer großen Höhle?«

»Makauwahi. Natürlich!« antwortete der Mann lächelnd. »Ich bin Richard Segan und mache dort ehrenamtliche Führungen. Ich bin gerade auf dem Weg zur Höhle. Kommen Sie doch mit.«

Glück für uns! Hinter Richard gingen wir einen engen, gewundenen Pfad hinunter und kamen bald an eine Stelle, von der aus wir einen Blick auf Makauwahi hatten, die größte Höhle auf den hawaiianischen Inseln und die einzige, die nicht von einem Vulkan geschaffen wurde.

Richard, der ehrenamtlich bei der Bewahrung der Höhle hilft, gab uns eine Einführung und zeigte uns Knochen von ausgestorbenen Vögeln, die man dort gefunden hatte. Obwohl mich die archäologischen Informationen interessierten, war ich doch mehr darauf erpicht, etwas über die spirituellen Praktiken der Hawaiianer in dieser Höhle zu erfahren. Laut den Ausführungen von Richard sprach ein Ältester, der in den 1880-er Jahren interviewt wurde, von einem Seher, der in dieser Höhle gelebt hatte. Dieser Seher hatte auf einer Plattform (Richard deutete darauf) gesessen und Fragen von Hawaiianern beantwortet, die gekommen waren, ihn um Rat zu bitten. Die Fragesteller hatten besondere Blätter in das Feuer des Sehers geworfen, und dieser hatte dann den Rauch »gelesen« und so die Antwort auf die Fragen gefunden. Tatsächlich bedeutet der Name der Höhle, Makauwahi, »Auge des Rauchs«.

Ich verließ Richard und Simon und ging tiefer in die Höhle hinein. Sogleich wurde ich mit zahlreichen Gesichtern früherer Seher konfrontiert, deren Energien immer noch diesen Ort beschützten. Die Ahnen in den Heiaus hatten nicht mit mir reden wollen, so war ich sehr überrascht, als diese Ahnen mich ansprachen.

»Sowohl die Heiaus als auch diese Höhle haben für uns eine wichtige spirituelle Bedeutung«, hörte ich. »Doch hier folgen wir den Traditionen der Kahuna, nicht der Ali'i, also ist es für uns nicht *kapu* (tabu), mit dir zu sprechen. Wir wollen dir Informationen geben, die du an andere weitergeben sollst, damit sie die Heiligkeit dieses Ortes, ebenso wie seine archäologische Bedeutung, respektieren.

Wir Seher führten hier Zeremonien und Einweihungen durch, und der letzte Seher kannte uns und respektierte unsere Traditionen. Über viele Generationen hinweg suchten Kahuna und Ali'i in dieser Höhle Kontakt mit Mutter Erde. Sie kamen hierher, wenn es um den Übergang zum Erwachsenwerden ging oder wenn sie sich auf eine wichtige Suche im Auftrag ihres Volkes begaben, etwa, wenn sie auf eine große Seereise gingen. Wenn wir bedeutende Menschen hier begruben, standen die Männer auf einer und die Frauen auf der anderen Seite der Höhle. Bei anderen Anlässen kamen Männer und Frauen getrennt, um mit uns zu sprechen. Wir verwendeten Kräuter, um unterschiedliche Arten von Rauch zu erzeugen, je nach Art der Fragen.«

Als ich tiefer schaute, erlebte ich mit, wie Hawaiianer, wenn Feinde in ihre Siedlungen eingedrungen waren, die Höhle auch als Zufluchtsort benutzt hatten. Doch meistens waren sie gekommen, um in Kontakt mit Mutter Erde zu treten und die tiefere Bedeutung ihrer Visionen zu erfahren. Ich bedankte mich bei den Ahnen-Sehern, dass sie mit mir gesprochen hatten. Als ich zu Richard zurückkam, erzählte ich ihm, was ich erfahren hatte. Richard bestätigte die Aussagen der Ahnen und führte weiter aus: »Ja, sowohl der Vater als auch der Großvater des letzten Sehers waren in dieser Funktion hier in der Höhle tätig.«

In diesem Moment kamen weitere Leute, um die Richard sich kümmern musste, also gingen wir hinaus und spazierten an der Küste entlang. Simon, eher wissenschaftlich orientiert, war fasziniert von den archäologischen Funden, aber interessierte sich auch für das, was die Ahnen mir mitgeteilt hatten. Ich war gerade fertig mit ihrer Botschaft, als ich Stimmen unsichtbarer Wesen hörte, die mich baten, einen kaum wahrnehmbaren Pfad tiefer hinein in den Wald zu nehmen. Während ich dem Ruf folgte und mich zwischen den Bäumen durchschlängelte, setzte sich Simon auf die Klippen, zufrieden damit, die sich paarenden Buckelwale in der Ferne zu beobachten.

Schon bald manifestierte sich vor mir auf dem Pfad der streng dreinblickende Mo'okane, den ich ein Jahr zuvor in den Dünen getroffen hatte. Tief gebräunt und mit einem Muschel-Lei um den Hals und einem Lendentuch aus Gras um die Hüften, stand er da und hielt einen Speer in den Händen.

»Aloha, Schwester. Wir freuen uns, dich wiederzusehen. Komm, setz dich und ruh dich unter unserem Baum ein wenig aus.« Er wies auf einen großen Baum, unter dem ich im Schatten sitzen konnte. Erstaunt darüber, »Schwester« genannt zu werden, flog ihm mein Herz zu. Ich fühlte mich auf eine Weise willkommen, wie ich sie bei unserem letzten Treffen nicht gespürt hatte.

»Normalerweise sucht unser Volk Schattenplätze«, sagte er und überging meine emotionale Reaktion auf seine Begrüßung. »Früh am Morgen, vor Sonnenaufgang, kommen wir heraus und dann wieder in der Abenddämmerung, bis weit in die Nacht hinein. Aufgrund unseres Mo'o Erbes suchen wir Nebel, Wasser und Regen. Wir lieben es, wenn der Regen auf unsere Haut fällt, unseren Hals hinunterläuft, uns reinwäscht, läutert und belebt; in der Sonne fühlen wir uns langsam und schwerfällig. Zwar leben wir in diesen heißen Dünen, aber glücklicherweise gibt es kühle Plätze wie diesen. Hier weht immer eine Brise. Außerdem können wir hier, wenn es uns zu heiß ist, immer schwimmen gehen.«

»Ich bin ein wenig verwirrt«, erlaubte ich mir zu sagen. »Da ihr mit Echsen und Drachen verwandt seid, hätte ich angenommen, ihr liebt die Sonne.«

»Etwas Hitze mögen wir, besonders diejenigen aus unserem Stamm, die in den Dünen leben. Doch alle Mo'o sind besonders dem Element Wasser zugetan, so wie unsere Schwester Pele auf Big Island dem Element Feuer zugetan ist. Selbst unsere Nahrung kommt größtenteils aus dem Wasser. Wir essen Fisch, und da wir das Lied der Fische singen, kommen sie zu unseren Speeren und schenken uns ihr Leben.«

Während er sprach, lächelte er und zeigte dabei seine rasiermesserscharfen Zähne.

»Meine Zähne scheinen dich zu beunruhigen«, sagte er mit einem Stirnrunzeln, und seine drachenähnlichen Gesichtstattoos nahmen ein bedrohliches Aussehen an. »Du hast dich weit von deinen Wurzeln entfernt. Das gefällt uns nicht.«

Beschämt über seinen Kommentar, antwortete ich: »Ich entschuldige mich, aber meine Begegnung mit den Mo'okane hat mich ziemlich verunsichert.« Ich ließ ihn an dem Bild teilhaben, wie streng er bei unserem letzten Treffen gewesen war. »Auch bin ich unsicher, was ihr von mir wollt – und Lloyd war auch keine große Hilfe.«

Seine Tattoos veränderten sich zu einer freundlicheren Erscheinung. »Wir sind dabei, die Erinnerungen an deine Ahnen und deine Verbindung mit uns wieder zum Leben zu erwecken.«

»Es wäre hilfreich, wenn du mir deinen Namen mitteilst, damit ich nicht an dich als den Mo'okane mit den beängstigenden Tattoos denke.«

Er ließ seine funkelnden Zähne aufblitzen, und bei seinem Gelächter bewegten sich die Mo'o-Tattoos. »Nenn mich Burt«, antwortete er.

Unerwartet verschwand Burt, und Daisy, die ich im vergangenen Jahr in den Dünen kennengelernt hatte, erschien. In ihrem langen dunklen Haar trug sie einen Kranz, und ihr sanft gerundeter Körper war in einen blau und weiß geblümten Muumuu gehüllt. Ihre goldgesprenkelten schwarzen Augen funkelten vor kluger Wärme, gemischt mit einem Hauch von Übermut. Ich vermutete, dass Burt verschwunden war, weil in der traditionellen hawaiianischen Kultur Männer und Frauen keinen direkten Umgang pflegen. Aber warum sprach er dann mit *mir*?

»Auf diesen Inseln sind die Glaubensvorstellungen jener, die sich an die Traditionen halten, ob es nun Menehune, Mo'okane oder menschliche Ahnen sind, dieselben«, sagte Daisy von sich aus auf meine Gedanken. »Burt«, sagte sie lächelnd, »nimmt dich von unseren Kapu, unseren Tabus, aus, da du sowohl eine Haole als auch ein moderner Mensch bist.

Mo'okane wie Burt sind mit den Mo'o verwandt, obwohl sie eine menschliche Form wählen. Menehune, Mo'o und menschliche Ahnen auf den astralen Ebenen sind alle Hüter der Erde. Wir reisen zwischen den Ebenen hin und her, um miteinander und mit Elementarwesen wie deinem Leprechaun-Freund zu arbeiten. Wir sind Ahnen von Menschen – wie du in menschlichen Körpern –, doch ist es entscheidend, dass du an uns nicht in der Vergangenheit denkst. Wir sind lebendig und beeinflussen dich und andere in der Gegenwart.«

Was für eine Erleichterung, jemanden zu haben, der mir half, ein besseres Verständnis für die Beziehungen all dieser Wesen zu Elementargeistern und Menschen zu entwickeln. Vielleicht würde Daisy auch andere Fragen beantworten, die Lloyd nicht beantworten wollte oder konnte.

»Ich weiß, dass Menehune und Menschen sich kreuzten, um Hybridwesen hervorzubringen, die wie normale Menschen aussehen, aber diese ganz andere Abstammungslinie in sich tragen«, sagte ich. »Doch manchmal habe ich Schwierigkeiten, den Unterschied zwischen Mo'okane und Menehune zu erkennen. Haben sie sich ebenfalls untereinander vermischt, um Hybriden zu schaffen?«

»Die kurze Antwort ist ›Ja‹«, lachte sie leise. Ich konnte nur vermuten, dass sie mein Bestreben, alles zu vereinfachen, meiner Haole-Art zuschrieb.

»Und die lange Antwort?« bohrte ich nach.

»In der astralen Welt können wir jeden Körper erschaffen, den wir wollen. Wesen aus verschiedenen Arten, die eng zusammenarbeiten, neigen dazu, die Charakterzüge der anderen Art anzunehmen. Die Mo'o lehrten die Menehune, die ihrerseits die ursprünglichen Polynesier, die nach Hawaii kamen, unterwiesen. So gesehen sind Mo'o die Ahnen von Menehune und Menschen. Die Mo'okane sind eine Variante der Mo'o; sie wählten eine menschliche Form, um leichter eine Beziehung sowohl zu den Menehune als auch zu den Menschen aufzubauen.«

Ich musste wohl die Augen verdreht haben. Daisy wählte ein leichter verständliches Beispiel: »Stell dir Folgendes vor: Dein Leprechaun-Freund kann jede Form wählen, doch er zieht eine menschenähnliche vor, weil er mit Menschen arbeitet. Und während er mit Menschen arbeitet, wird er immer mehr wie sie. Das gleiche gilt für dich. Während du mit ihm und uns arbeitest, wirst du mehr wie wir. Unsere geistige Essenz vermischt sich, und du wirst mehr zu einem Hybridwesen. In vielen deiner Leben war das so, und in diesem Leben wird das wieder aktiviert.«

Hören wir nicht alle gerne etwas über uns selbst? Also war ich nur allzu bereit, tiefer in meine Leben mit Menehune und Mo'o einzusteigen, doch Daisy hatte etwas anderes vor.

»Wir haben bemerkt, dass es dir manchmal schwerfällt, den Unterschied zwischen Menehune und menschlichen Ahnen zu erkennen, deshalb will ich dir dabei helfen«, sagte sie und wechselte zu dem Thema, das sie offenbar besprechen wollte. »Wir haben viele Klassen und Arten von Menehune, und, anders als die schlanken Elfen, die du aus Irland kennst, sind Menehune Polynesier, also schauen sie auch mehr wie menschliche Polynesier aus. Das mag verwirrend sein, denn sowohl die Menuhene der königlichen Ali'i und der Kahuna-Schamanen sind körperlich stärker und größer als die kleinen Wesen, denen die Menschen normalerweise begegnen und die sie für Menehune halten.«

»Wie kann ich also den Unterschied erkennen?« fragte ich, vollkommen verwirrt von ihrer Erklärung.

»Es ist nicht wichtig, dass du das kannst«, antwortete Daisy und beugte sich zu mir. »Die Lehren sind die Lehren, ob sie nun von Mo'o, Mo'okane, Menehune oder menschlichen Kahuna kommen. Ihr Haoles versucht zu kategorisieren und zu trennen. Wir Hawaiianer suchen nach der Ganzheit, wir wollen alles zusammenbringen in die Einheit. Wir streben nach einem mühelosen Fließen ohne Barrieren oder Engstellen zwischen unseren Erfahrungen und unseren Lehren und den verschiedenen Arten zu leben – alles in Harmonie mit der Erde.«

Dann wechselte sie das Thema und wagte sich auf ein Gebiet vor, von dem sie offenbar annahm, ich könne es leichter begreifen. »Ich weiß, du bist frustriert, dass dein Leprechaun-Freund so wenig da ist, um dir verstehen zu helfen, was wir dich lehren. Aber er kann nicht da sein, denn er ist selbst ein Schüler und darf nicht über Dinge sprechen, von denen er nichts weiß. Lloyd verbringt viel Zeit mit unseren Ältesten, unseren Kahuna. Wir bringen ihm unsere Traditionen bei. Du würdest sie ›Yin‹-Lehren nennen. Für uns sind sie Lehren vom ›Sein‹. Mit ›Sein‹ meinen wir, sich auf das Göttliche auszurichten, im Fluss zu sein, in die Richtung zu paddeln, in die das Göttliche dich führen will, und nicht anderen deinen Willen aufzuzwingen. Das bedeutet auch, auf einer tiefen Ebene auf dein Gewissen zu hören und zu tun, was es dir sagt. Es bedeutet, auf die inneren Führer zu hören, die Ahnen, die versuchen, dir zu helfen. Tust du das, erlangst du Frieden und Harmonie und erfüllst deine Aufgabe in dem physischen Leben, das du gegenwärtig hast.

Lloyd befindet sich in einem Stadium seines Lebens, in dem er darin unterwiesen werden muss, zu *sein.* ›Sein‹ ist eine eher weibliche Qualität; und weil er in seiner maskulinen ›Yang‹-Seite überentwickelt ist, muss er lernen, zu sein. Nach einer Weile fließen Sein und Tun zusammen. Wenn das passiert, darf derjenige ›Ältester‹ genannt werden. Lloyd kann das Sein nicht von dir lernen, weil Menschen – besonders ihr Haole – eher Tuende als Seiende sind. In ihren frühen Jahren meistern die Menschen das ›Tun‹, aber in ihren mittleren Jahren müssen sie es meistern, zu ›sein‹, zu reifen wie eine Frucht. Das ist keine Strafe; es ist einfach so.«

»Mir ist klar, dass deine Erläuterungen wichtig sind, nicht nur für Lloyd, sondern auch für mich und alle Menschen«, bestätigte ich. »Sein ist eine Qualität, die ich hoch schätze; doch oft fällt es mir leichter, aktiv zu werden, um meine Ziele zu erreichen.«

»Wenn du in deiner Mitte bist und das Gewünschte visualisierst«, sagte Daisy und sandte mir mit ihren schwarzen Augen ein kraftvolles Bild, »dann ziehst du alles in dein Leben. Rennst du hingegen dem, was du zu wollen glaubst, hinterher, treibst du es von dir weg. Für viele Haole ist die Energie, die sie aufwenden, um nach etwas zu streben, genauso groß wie die Energie von Angst und Zweifel, dass sie es vielleicht nicht bekommen werden. Befindest du dich jedoch in deiner inneren Mitte, verspürst du weder Angst noch Zweifel. Du träumst deinen Traum, und er kommt zu dir. Du nennst das Meditation – für uns Ahnen ist es die Art, wie wir manifestieren.«

Damit stand Daisy auf und wischte sich den Sand von ihrem Muumuu. »Für heute ist es genug. Unsere Art zu lehren ist, dir genau die richtige Menge an Nahrung zum Verdauen zu geben. Du sollst dich nicht überessen. Übrigens befindet sich entlang der Dünen weiter nördlich ein ruhiger Strand; dort kannst du schwimmen und dich ein wenig abkühlen.«

Nachdem sie weg war, blieb ich noch eine Weile sitzen und dachte über ihren Besuch nach. Ich war fasziniert, dass sich eine Kahuna die Zeit nahm, mich zu unterrichten, und ich fragte mich, ob ich zu Daisys »Projekt« würde. Das war eine schöne Idee, denn ich fühlte mich geehrt durch ihre Zeit mit mir und spürte, dass sich zwischen uns eine Beziehung aufbaute. Ich war immer noch nicht dahintergekommen, ob Daisy eine Menehune oder eine menschliche Ahnin war, war jedoch klug genug, ihren Rat anzunehmen und diese Frage ruhen zu lassen – nicht leicht für mein westliches Hirn, aber ich ließ los und beschloss, dem Prozess zu vertrauen.

Als ich aus dem Wald auftauchte, sah ich Simon mit dem Fernglas die Wale beobachten. Er ließ es sinken und fragte: »Nun, haben sie mit dir gesprochen?«

Mir machte es Freude, ihm alles zu erzählen, und ihm machte es Freude, mir zuzuhören. Wir beeilten uns, den von Daisy erwähnten Strand zu finden, denn wir vergingen fast in der mörderischen Mittagshitze. Nach ungefähr einer halben Stunde – die Wanderung hatte uns einige atemberaubende Ausblicke beschert – kamen wir zu einer geschützten Bucht mit makellos reinem Wasser. Ungefähr zwei Dutzend Leute hatten diesen Ort ebenfalls entdeckt; sie lagen auf ihren Decken, tranken Bier und genossen den Tag. Ich konnte kaum erwarten, ins Wasser zu springen. Es gab nur ein Problem: Ich hatte keinen Badeanzug dabei.

Während ich über mein Dilemma nachdachte, blickte ich mich suchend nach einer geschützten Stelle um. Da entdeckte ich »Himself«, wie er sich im Schatten eines alten Baums gemächlich in einer Hängematte räkelte. Lloyd trug eine übergroße Sonnenbrille und einen riesigen Sombrero, auf einem Tisch neben ihm stand ein gigantischer Krug mit der Aufschrift »Mai Tai«. Sein Badeanzug sah aus, als wäre er einem Katalog aus den 1920-er Jahren entsprungen: ein Ganzkörperteil von den Schultern bis zu den Knien in seiner Lieblingsfarbe. Mich über den Rand seiner Sonnenbrille musternd, zog er seinen Hut und winkte mich zu sich heran.

»Na, meine Liebe, hast du ein Problem? Keinen Badeanzug dabei, hmm?« lächelte er allwissend. »Das Wasser ist übrigens herrlich.«

»Ich dachte, du bist so sehr damit beschäftigt, mit den Ältesten zu studieren, dass du keine Zeit für Spiel und Spaß hast.«

»Es ist Nachmittagspause. Hier auf Hawaii arbeiten sie bei weitem nicht so viel wie wir in Irland. Wie du siehst, habe ich mich bemüht, mich umzustellen.«

»Meine neue Kahuna-Freundin sagte, du würdest lernen, zu ›sein‹. Ich bin bereit, das auch zu lernen!«

»Dann wird's Zeit, dass du deine Klamotten ausziehst und ins Wasser springst, nicht wahr?« spornte er mich an. Er wusste ganz genau, dass ich mich davor scheute, in der Öffentlichkeit ohne Badeanzug schwimmen zu gehen.

Also nahm ich die Herausforderung an, zog mich bis auf die Unterwäsche aus und warf mich, frei wie ein Kind, in den einladenden Ozean. Als ich einen Blick zurück auf meinen Freund werfen wollte, sah ich, dass er verschwunden war. Wahrscheinlich zurück an die Arbeit, stellte ich mir vor, während ich auf dem Rücken liegend dahintrieb und mich vom Ozean tragen ließ, wohin er wollte.

BEGEGNUNG MIT URALTEN MEERES-MO'O

Während einer Konferenz in Lihue, auf der ich einen Vortrag über Hybriden hielt, traf ich Danny. Er war fasziniert von meiner Aussage, manche Menschen hätten Drachen-Ahnen und diese Drachen seien mit den Mo'o von Hawaii verwandt. Danny wollte uns erzählen, was er dazu wusste, und lud Simon und mich zu einem Treffen mit den uralten Mo'o von Kahili Wai Point an der Nordküste von Kauai ein; der Ort wird von den Einheimischen Dragon's Breath (Drachenatem) genannt.

Für die Menschen auf Kauai ist Dragon's Breath eine heilige Stätte, und ich fühlte mich geehrt, dass ein Einheimischer wie Danny uns dahin mitnehmen wollte. Unglücklicherweise lebt der Wasserdrache in einer schwer zugänglichen Meereshöhle am Fuß einer Klippe. Ich bereitete mich darauf vor, die Klippe hinabzuklettern und zog meine Wanderstiefel an, als ich sah, wie Danny seine Sandalen auszog, um barfuß hinunterzusteigen.

»Ich wandere seit meiner Kindheit barfuß«, erklärte Danny, »mit bloßen Füßen finde ich besseren Halt.«

Ich hatte nicht vor, seinem Beispiel zu folgen; also schnürte ich meine Stiefel noch etwas fester und schob mich dann durch Gruppen von dornigen Bougainvillea. Schnell führte Danny uns den Pfad entlang. Alles ging gut, bis wir zu einem etwa 15 Meter tiefen Steilhang kamen. Danny packte ein Seil und schwang sich rückwärts die Klippe hinunter; wie selbstverständlich schien er davon auszugehen, dass ich ihm folgte. Simon, der eindeutig stärkere Arme hatte, ermutigte mich, und nachdem ich mir selbst gut zugeredet hatte, packte ich das Seil und machte meinen ersten Schritt. Fest entschlossen glitt ich rückwärts die Klippe hinunter, während ich mich am Seil festhielt, als ginge es um mein Leben. Schließlich sicher am Boden angekommen, drehte ich mich inmitten von riesigen Vulkanfelsen um und sah mich dem brüllenden Ozean gegenüber. Mit gewaltiger Kraft brandeten die Wellen heran und brachen sich an der

Rückseite der Meereshöhle, die nach dem Glauben der Hawaiianer das Maul des Drachen darstellte. Danach sprangen die Wellen zurück und spuckten das Wasser durch das Maul und die Nüstern des Drachen aus, wobei sie einen, wie Danny sagte, »feinen Sprühnebel« erzeugten.

Danny kam näher und versuchte, sich über das Tosen der Wellen verständlich zu machen: »In der hawaiianischen Tradition ist der Austausch des Atems sehr wichtig, und hier an dieser Stelle teilen wir den Atem mit den Mo'o.«

In diesem Moment rollte eine riesige Welle heran, die uns vollständig durchnässte. So viel zum Thema »feiner Sprühnebel«... Ich überließ Simon und Danny ihrem Gespräch über Wellen und Strömungen und suchte mir eilig einen trockeneren Bereich in Richtung der Schwanzspitze des Drachen, wo ich hoffte, mit der Mo'o sprechen zu können. Beim Versuch, der einen Unannehmlichkeit zu entkommen, traf ich sogleich auf die nächste: Ich stürzte in eine Spalte und zog mir am scharfen Vulkangestein einen Schnitt am Bein zu. Es hört sich vielleicht komisch an, aber irgendwie schien es mir passend, nach der Reinigung durch Wasser den Mo'o nun ein Blutopfer darzubringen.

Um nicht noch ein schlimmeres Opfer bringen zu müssen, setzte ich meinen Weg vorsichtiger fort und kam zu einer breiten, in den Fels geschnittenen Flussrinne. Über der Rinne thronte ein schroffer Felsbrocken, der Ähnlichkeit mit dem drachenähnlichen Gesicht einer großen Mo'o hatte, die hier Wache hielt. Ich spürte, dass ich an diesem Ort Halt machen sollte; also setzte ich mich behutsam auf einen Felsen und wartete. Ich spürte, wie mich eine mächtige Präsenz abschätzte. Bewegungslos verharrte ich an meinem Platz, als ein gewaltiger weiblicher Wasserdrache langsam die Rinne heraufschwamm.

Wortlos musterte sie mich mit kühlem, uraltem Blick, dann sprach sie: »Ich begrüße dich in dieser Gestalt, weil mir die Drachengestalt die liebste ist; schließlich ist sie unsere ursprüngliche Form.«

Überrascht von ihrer Größe und eingeschüchtert von der Kraft, dem Mana, das sie ausstrahlte, rang ich darum, etwas Sinnvolles zu sagen; schließlich brachte ich ein: »Wie groß bist du?« zustande.

»Ich bin so lang, wie ich bin. Wir messen nicht, wie es die Menschen machen. Während wir älter werden, wachsen wir immer weiter; ich bin die größte und älteste Mo'o hier auf den hawaiianischen Inseln. Meine Kraft kommt vom Ozean, jedoch bewache ich auch die Höhlen und Wasserfälle an diesem Ufer.«

»Bis jetzt habe ich nur Mo'o kennengelernt, die dem Nebel ähneln oder menschenähnliche Formen angenommen haben. Kannst du mir sagen, in welcher Hinsicht sich Meeres-Mo'o von ihnen unterscheiden?«

»Wir betrachten uns als Ahnen oder niedere Götter. Wir Meeres-Mo'o sehen uns nicht als Mo'okane, die eine menschliche Form gewählt haben, um an Land leben zu können. Mo'okane haben in ihrer Evolution eine Abzweigung von unserem Pfad gewählt und wurden zu einer Unterart von uns. Wir sind näher mit den Mo'o verwandt, welche die Teiche und Quellen beschützen. Wir vom Salzwassermeer verfügen über die größte Macht, weil die anderen viel von ihrer Stärke aufgaben, um zu Landbewohnern zu werden.

Wir kommen zusammen, um gemeinsam zu besprechen, wie man den Ozean sauber halten und mit Strömungen, Fischen und Wasserbewohnern zusammenarbeiten kann, um ein Gleichgewicht herzustellen. Unsere Arbeit mit den Menschen ist ganz unterschiedlich. In den alten Tagen standen wir den Fischern nahe und jenen, die das Meer in großen Kanus bereisten. Jene Menschen, die das Meer kannten, beteten in Tempeln, die uns geweiht waren. Inzwischen hat sich das geändert, weil die Boote mechanisiert sind – und wir haben keine Wesensverwandtschaft mit der Mechanisierung.

Auch heute noch melden sich manche von uns freiwillig, um mit Menschen zu arbeiten. Einer von ihnen ist Kimokeo Kapahulehua, der sich bemüht, die Wasserqualität auf den Inseln zu schützen. Er kümmert sich um Fisch- und Taro-Teiche, die uns heilig sind. Er hat auch Männer auf *Wa'a* (Kanu)-Reisen mitgenommen, um die Ahnenrouten über die hawaiianischen Inseln hinweg miteinander zu verknüpfen. Er ehrt unsere Gabe, Menschen nach Hawaii zu bringen, und errichtet Verbindungswege für uns, damit wir Menschen auf ihren zukünftigen Pfaden führen können.«

Auf Umwegen hatte ich Kimokeo ein paar Jahre zuvor auf Maui kennnengelernt. Eine meiner deutschen Schülerinnen, die für ihre Abschlussfeier unseres Instituts nach Maui gekommen war, traf ihn beim Kanufahren und stellte uns einander vor.

»Du bist eine *Kupuna*«, hatte Kimokeo zu mir gesagt. »Kupuna sind Älteste mit Wissen und Erfahrung, wodurch sie weise geworden sind. Sie geben diese Weisheit weiter an ihre *'Ohana* (Familie, verwandtschaftliche Gruppe). Wenn wir von einer Kupuna der natürlichen Elemente sprechen, sprechen wir vom Volk des Himmels, *Na Poe La Lani*, vom Volk des Ozeans, *Na Poe Ka Moana*, und vom Volk des Landes, *Na Poe Ka Honua*. Die Na Poe La Lani, die Ältesten des Himmels, sind all die natürlichen Elemente, Sterne, Mond, Sonne, Wolken, Wind und Kräfte wie Wellen, Gezeiten, Strömungen, Hurrikane und Stürme. Die Na Poe Ka Moana sind all die Fische, Korallen, Seegräser, Kraken, Wale, Delphine und Haie. Die Na Poe Ka Honua sind das Volk der Erde oder des Landes ('Aina), Menschen, Bäume, Insekten, alle Tiere und Vögel.

Wenn ich an dich denke und dich eine Kupuna nenne, meine ich das spirituelle, nicht notwendigerweise das körperliche Wesen. Zum Beispiel beim Wal: Der Wal ist körperlich ein Meeressäuger, aber er ist auch der Älteste, ein Kupuna des Meeres, mit der Macht, durch die natürlichen Elemente von einem Ort zu einem anderen zu navigieren. Als eine *Ke alakai kou mau*-Kupuna bist du der Pfad unserer Ahnen.«

Ich fühlte eine Verwandtschaft mit Kimokeo, obwohl ich äußerlich mit diesem Hawaiianer, der mit Leuten Kanutouren unternahm, wenig gemeinsam hatte. Jedes Mal, wenn ich ihn sah oder mit ihm sprach, vertiefte sich dieses Gefühl der Verwandtschaft und weckte in mir den Wunsch, den von ihm gewählten Pfad besser zu verstehen. Damals hatte ich noch nichts von den Mo'o gehört, hatte aber das Gefühl, dass es vielleicht eine Verwandtschaft zwischen Kimokeo und den Walen gab.

Der Wasserdrache fuhr fort: »Es war kein Zufall, dass ihr, du und Kimokeo, euch begegnet seid. Kimokeo besitzt 75 Prozent hawaiianisches Blut, was heutzutage selten ist, und auch wenn du selbst deine hawaiianische Abstammung nicht kennst: Wir brachten euch zusammen, weil wir sowohl seine als auch deine Ahnen sind. Bitte Kimokeo, dir mehr über seine Erfahrungen zu erzählen und darüber, was die Ältesten über uns sagen.«

Da ich den Auftrag ernst nahm, hatte ich Kimokeo später angerufen und ihm von meinem Erlebnis mit der Mo'o erzählt und ihn gefragt: »Als ich dir zum ersten Mal begegnet bin, war mein Gefühl, dass du eine Beziehung zum Wal hast. Stimmt das?«

»Ja, das stimmt«, hatte Kimokeo geantwortet. »Es ist eine Beziehung zu einem *'Aumakua* (Ahnenhüter), so eine Art Schutzengel.«

»Als ich mit der Mo'o sprach, sagte sie, dass sie eine deiner 'Aumakua sei. Hast du das Gefühl, dass es stimmt?«

»Ja«, hatte Kimokeo gemeint. »Ich habe mehrere Verbindungen zu den Mo'o. Die Mo'o-Kiawahine ist die Hüterin der Fischteiche (*Loko i'a*). Ich habe nie mit einer Mo'o-Kiawahine gesprochen, aber ich spüre ihre Gegenwart in unserem Loko i'a. Oft ist es gar nicht nötig zu sprechen – es genügt, die Präsenz, den Geist von etwas zu spüren.«

»Ich habe das Gefühl, daher kommt die Verwandtschaft zwischen uns – wir haben beide dieselben 'Aumakua (Ahnenhüter)«, hatte ich geantwortet.

Ich war Kimokeo dankbar, dass er sich trotz seines geschäftigen Lebens die Zeit nahm, mit mir über die Mo'o zu sprechen.

Jetzt kam ich mir fehl am Platz vor und beschloss, der Mo'o eine offensichtliche Frage zu stellen.

»Ich weiß von den vielen Dingen, die Kimokeo für euch tut, aber warum habt ihr euch entschieden, mit *mir* zu sprechen?« fragte ich.

»Ich spreche mit dir, weil du uns hören und mit uns reden kannst. Wir Mo'o wollen, dass du unsere Botschaft an alle Menschen weitergibst – nämlich, dass alle Gewässer heilig sind. Denkt daran, euer menschlicher Körper besteht zum größten Teil aus Wasser, und ohne Wasser seid ihr tot. Also schützt das Wasser!«

»Ich habe viele Male über dieses Thema gesprochen und ich werde das auch weiter tun, doch bin ich sehr neugierig, was eure Ursprünge angeht.«

»Wir sind eine alte und stolze Rasse. Vor langer Zeit kamen wir von den Sternen, aus dem Sternbild, das ihr ›Drache‹ nennt. Der große Kosmische Drache, der die Planeten gebiert und der gegenwärtig die Erde bei ihrer Geburt in eine höhere Frequenz unterstützt, ist unser Vorfahr, so wie wir die Ahnen der Drachenhybriden sind, die in menschlicher Form leben. Drachen sind Meister aller vier Elemente: Erde, Luft, Feuer und Wasser. Wir Meeres-Mo'o konzentrieren unsere Energie hauptsächlich auf das Element Wasser – wie alle Mo'o, selbst die an Land lebenden Mo'okane. Du musst bemerkt haben, dass die Mo'okane der Dünen am Meer wohnen; jene in Kokee leben in vom Nebel bedeckten höhergelegenen Gegenden und andere Mo'okane leben entlang des Wailua-Flusses.

Auf Kauai sind wir besonders stark, da es hier mehr Wasser gibt als auf Big Island, wo Pele herrscht. Wir sind die Energie, die sich durch Wasser bewegt, das Bewusstsein im Wasser. Außerdem, und das ist wichtig: Zwar lebe ich hier auf Hawaii, aber außer mir gibt es noch andere Wasserdrachen; sie kümmern sich um die Gewässer in ihren jeweiligen Ländern. Darüber hinaus gibt es viele Menschen, die aus unserer Abstammungslinie kommen. Wir Ahnen existieren im kollektiven Bewusstsein *aller* Länder, wir sprechen zu einzelnen Menschen durch Träume und Mythen und – wenn sie sich die Zeit dafür nehmen – durch persönlichen Kontakt.«

Mit diesen abschließenden Worten tauchte die Mo'o unter und bewegte sich wieder hinaus ins wogende Meer. Ich war immer der Meinung gewesen, dass Luft und Feuer meine Stärken seien, nicht Wasser, deshalb fragte ich mich, was ich mit einem Wasserdrachen gemein haben sollte. Nachdem ich mich wieder zu Danny und Simon gesellt hatte, erzählte ich ihnen etwas verstört von meinem starken Erlebnis.

»Ich möchte dich gerne zu einem Treffen mit einer weiteren Mo'o am Waikapalae Wet Cave mitnehmen«, sagte Danny, nachdem er mein blutendes Bein verbunden hatte. »Offensichtlich möchten sie, dass du ihre Geschichte erzählst.«

Das bedeutete, dass wir die Klippen wieder hinaufklettern mussten, was sich glücklicherweise als weniger furchterregend erwies als der Abstieg. Danny zog seine Sandalen wieder an, wir stiegen ins Auto und fuhren zu besagter Höhle, einer weiteren heiligen Stätte der Hawaiianer. Als wir die kühle, feuchte Höhle betraten, begannen wir alle drei, uns nur noch leise zu unterhalten. Ein tiefer Friede und das Gefühl, beobachtet zu werden, erfüllten diesen Ort. Aus einem Hohlraum in der Lava gebildet, als Kauai entstand, enthält die Höhle ein unberührtes Becken mit stillem, türkisfarbenem Wasser, gespeist von Untergrundquellen, die weiter ins Meer fließen.

Wie am Dragon's Breath sonderte ich mich auch hier von meinen Gefährten ab und wartete darauf, dass das Wesen, dessen Anwesenheit ich spürte, mit mir in Kontakt treten würde. Innerhalb weniger Minuten tauchte ein großer weißer Wasserdrache aus den Tiefen auf und schwamm gemächlich auf mich zu. Vom ersten Eindruck her dachte ich, sie sei blind, aber das Missverständnis klärte sich bald.

»Ich kann wählen, ob ich sehen will oder nicht«, sagte die Mo'o, indem sie eine Klappe über ihren Augen zurückrollte und mich unbewegt anstarrte. »Ich halte meine Augen gerne geschlossen, damit ich in einen Traumzustand in Resonanz mit der Erde eintreten kann. Ich ziehe es vor, dem Herzschlag der Erde zu lauschen und das zu spüren, was wir auf Hawaii ›Aloha‹ nennen, anstatt mich mit den Menschen, die hierher kommen, zu beschäftigen. Haole mögen mich für eine Einsiedlerin halten, doch die Hawaiianer betrachten mich als eine Vorfahrin. Ich bin eine Kahuna, eine Weisheitslehrerin der Mo'o.«

Die Mo'o begann, mir durch Gedankenkraft ihr Wissen zu übermitteln, und ich öffnete mich, um die Energie, die dieses große Wesen mir sandte, aufzunehmen. Ihre Energie war stark mit den uralten Erinnerungen der gesamten Art der Mo'o und ihrer Beziehung zur Erde verbunden. Die Mo'o-Kahuna sprach aus dem kollektiven Bewussten allen Lebens heraus, und das meiste, was zwischen uns passierte, geschah non-verbal. Intuitiv spürte ich, dass diese weise 'Aumakua meinen Astralkörper mit Informationen speiste, auf die ich zu einem späteren Zeitpunkt zugreifen konnte, und zwar so, wie die Ahnen es wollten. Bei all dem handelte es sich nicht nur um Informationen; zum Teil fühlte es sich wie Klebstoff an, mit dessen Hilfe all die einzelnen Weisheits»teile«, die ich von den Menehune und Mo'okane erhalten hatte, miteinander verbunden wurden. Gleichzeitig übertrug mir die Mo'o die Aufgabe, diese Weisheit zurück ins menschliche Bewusstsein zu bringen.

Als sie fertig war, zog sie ihre Energie zurück und machte deutlich, dass sie nicht weiter gestört werden wollte. Mit einem telepathischen Dankgebet unterbrach ich meine Verbindung zu ihr. Während ich mich immer noch teilweise auf den höheren Ebenen befand, begab ich mich zurück zu Simon und Danny und überlegte, auf welche Weise ich die Wünsche erfüllen sollte, die sowohl die Meeres- als auch die Höhlen-Mo'o geäußert hatten. Die Energie der Lebenskraft beider Wasserdrachen war um so vieles stärker als die der Menehune und der Mo'okane, was mir bewies – wie Worte es nicht hätten tun können –, dass sie wirklich niedere Götter, uralte Ahnen waren. Danny holte mich in meinen physischen Körper zurück, als er meinte:

»Wenn du Lust hast, würde ich dich gerne noch zu einem besonderen Heiau (Tempel) ganz in der Nähe mitnehmen. Für neunzig Generationen von Hawaiianern ist er die heiligste Stätte für den Hula-Tanz, und selbst heute noch gilt er als Pilgerstätte für all die Menschen, die Hula praktizieren.«

Noch ganz erfüllt von den Begegnungen mit den beiden Mo'o und einem wachsenden Gefühl der Verantwortung, ihre Botschaften weiterzutragen, hätte ich es eigentlich gerne genug sein lassen für heute. Andererseits konnte ich Danny nichts abschlagen; und zudem bin ich eine begeisterte Anhängerin von Hula – schon deshalb konnte ich seinem Vorschlag nicht widerstehen. Obwohl ich nie Hula-Unterricht hatte, glaube ich, dass ich Hula tanzen kann und zwar *gut*!

Ich hatte noch nie vom Kaula o Laka-Tempel gehört und war etwas beunruhigt, als Danny am Eingang zum Na Pali Coast Trail parkte. »Oh nein«, dachte ich in Erinnerung an meine zwei äußerst strapaziösen Wanderungen dort.

Wie froh war ich, als Danny erklärte: »Wir werden nicht den Na Pali-Wanderweg nehmen; wir folgen einer anderen Route parallel dazu, sie ist kürzer und führt am Strand entlang.«

Erleichtert begannen wir, hinter Danny herzugehen, und bald schon erreichten wir ein großes, flaches, grasbewachsenes Gelände, auf dem ein Heiau mit Blick aufs Meer stand. Anders als die verlassenen Tempel, die ich bisher besucht hatte, diente dieser immer noch aktiv seinem heiligen Zweck und strahlte tiefen Frieden aus.

Leis aus duftenden Blumen und den grünen Blättern der Ti-Pflanze bedeckten die Steine, die einen natürlichen Altar bildeten. Neben diesen Opfergaben lagen Kerzen und kleine Geschenke aus Stein. Anders als bei anderen Heiaus, wo das Eintreten verboten war, spürte ich hier, dass alle, die den nötigen Respekt erwiesen, willkommen waren. Dieser Hula-Heiau strahlte den wahren Geist von *Aloha* aus. Oft wird dieses Wort als »Hallo«, »Goodbye« oder »Liebe« übersetzt, doch die tiefere Bedeutung von Aloha ist »freudiges Teilen der Lebensenergie«.

Auf der Suche nach einem Segen an diesem herrlichen Ort ging ich langsam auf den Altar zu, vor dem das Singen eines Liedes oder das Sprechen eines Gebets ebenso als Geschenk angesehen wird wie das Ablegen einer Blumenkette. Mit offenem Herzen sprach ich einen Segen für Hula und für all jene, die durch ihn solche Anmut und Schönheit in die Welt bringen. Darüber hinaus betete ich darum, dass durch die Worte, die ich auf Wunsch der Mo'o und Menehune weitergeben sollte, der wahre hawaiianische Geist vermittelt werden möge. Als ich fertig war, schaute ich auf und sah, wie von den Steinen über mir ein sanftes, großmütterliches Gesicht beifällig auf mich herabstrahlte. Es war Laka, die Gottheit des Hula; sie war die Ahnin, die meine Gebete empfing und segnete.

Mit vor Liebe pochendem Herzen zog ich mich vom Altar zurück und setzte mich neben Danny. Er zeigte mir ein Foto, das er von mir beim Beten aufgenommen hatte. Jeder, der das Foto ansah, konnte das Gesicht von Großmutter erkennen. Ich blickte zum Altar, um noch einmal ihr Gesicht zu sehen, und sah, dass mein Leprechaun-Freund der Großmutter als Opfergabe einen Lei aus Ti-Blättern anbot. Er betete hingegeben und machte genau das, was er auch mich hatte tun sehen. Ich dachte, dass Lloyd mir seine Erfahrungen mitteilen würde, doch ernst und feierlich mied er meinen Blick. Aus Respekt für den Raum, den er benötigte, wandte ich meine Aufmerksamkeit ab und sah, wie sowohl Simon als auch Danny um einen Segen von Großmutter baten. Nach unserer Kommunikation mit ihr blieben wir schweigend sitzen und erlaubten Lakas Segen, unsere Herzen tiefer für den Geist von Aloha zu öffnen.

Der Sonnenuntergang war nahe, und es wurde Zeit, den Kaula o Laka Heiau zu verlassen. Mit einem Blick zu Simon und mir sagte Danny: »Ich habe ein Geschenk für euch und die Elementargeister. Ich habe einige Auszeichnungen für meine Schoko-Leckereien gewonnen und ein paar für euch gemacht. Also Tanis, du wartest am Strand und genießt den Sonnenuntergang, und du, Simon, kommst mit mir und hilfst mir beim Tragen.«

Danny besitzt viele Talente: Er ist Reiseführer und Profi-Fotograf, und, fand ich jetzt heraus, auch noch Koch. Ich fühlte mich wie eine Königin (so konnte es ruhig öfter sein!) und schlenderte zum Sandstrand hinunter.

Sonnenuntergang und Sonnenaufgang sind mir die liebsten Zeiten des Tages. Hindu-Yogis sagen, dass wir zu diesen Zeiten einen leichteren Zugang zu den geistigen Ebenen bekommen können, und nach meinem Gefühl trifft das zu. Während ich über die drei eindrucksvollen Begegnungen dieses Tages meditierte, spürte ich plötzlich die Energie von jemandem in meiner Nähe. Ich öffnete die Augen und sah Lloyd neben mir in den Sonnenuntergang schauen. Ein paar Minuten lang genossen wir schweigend unsere Gesellschaft, dann sagte er: »Ich wollte mich dir schon früher anschließen, aber ich war zu sehr beschäftigt mit meinen eigenen Studien.«

»Du hast dich ziemlich ausgeschwiegen über deine Studien«, tastete ich mich vor, in der Hoffnung, er würde mehr erzählen.

»Auf diesen Inseln sind Mo'o, Menehune und die Ahnen deine Lehrer, mein Mädchen. Ich bekomme Unterricht von anderen.«

So leicht wollte ich mich nicht abwimmeln lassen und versuchte es noch einmal: »Was genau lernst du?«

»Viel!« antwortete er, meiner Frage ausweichend. Meine Vorstellung sprang zu den vielen Dingen, die er tun mochte, als er meine Gedanken unterbrach.

»Genug geraten! Da kommen die Leckereien!« In diesem Moment kamen Danny und Simon zurück, beladen mit Kokosnüssen, Blumen, verschiedenen Puddingsorten und selbstgemachter Schokolade. Wie zu erwarten, hatte Lloyd es jetzt nicht mehr eilig zu verschwinden. Er und seine Elementarwesen-Freunde drängten sich um Danny, um die Schönheit und das Aloha seiner Geschenke in Empfang zu nehmen. Obwohl Danny und Simon die Elementargeister nicht sahen, konnten sie doch ihre Gegenwart spüren. Danny ging langsam herum und breitete das Essen liebevoll auf einem Baumstamm aus. Während Simon und ich genießerisch unsere eigenen Portionen aßen, absorbierten die Elementarwesen die Essenz von Dannys großzügigen Geschenken. Respektvoll warteten wir, bis sie fertig waren, bevor wir die Reste einsammelten. Ein perfektes Ende für einen perfekten Tag!

JUNGE MENEHUNE AUF DER SUCHE NACH MENSCHLICHEN PARTNERN

Am nächsten Morgen war der Himmel klar, ein guter Tag für eine Wanderung. Bei unserem Aufenthalt im vergangenen Jahr hatte es Simon und mir im Waimea Canyon gut gefallen, doch hatten wir nur den oberen Teil um Kokee herum gesehen. Waimea hat verschiedene Wanderwege, deshalb fuhren wir nach einem Blick auf unsere Karte zu dem mit den Wasserfällen – für die haben wir eine besondere Schwäche.

Wir erreichten den Ausgangspunkt der Wanderroute, parkten das Auto und liefen los. Da Lloyd sich bisher weder zu morgendlichem Geplauder auf der Veranda noch zu unseren Abenteuern hatte blicken lassen, staunte ich nicht schlecht, als er sich plötzlich vor uns auf dem Weg manifestierte und die Führung übernahm. Er trug einen Tropenhelm, der direkt aus dem Film »Stanley and Livingston« hätte stammen können, mit einem einzigen Unterschied: Sein Helm war von Kleeblättern bedeckt. Sein aus einem Ast bestehender Wanderstab war mit Blättern und Blumen verziert und glich einem Fruchtbarkeitsstab auf einer Maifeier. Lloyd sprach kein Wort, drängte lediglich in zügigem Tempo voran und hielt es offenbar für selbstverständlich, dass wir mithalten würden. Ich konnte mir nur einen Grund für diese Eile vorstellen: Wir würden bald auf Menehune oder Mo'okane treffen. So war es keine große Überraschung, als nach der nächsten Biegung eine Gruppe von Menehune den Pfad versperrten.

Ein elfenhafter Menehune mit weicher, kaffeebrauner Haut trat vor. Sein Oberkörper war nackt, und um die Hüften trug er waldgrüne, ineinander geflochtene Blätter; seine stolze Stirn war von einem Lei mit dazu passenden Blättern gekrönt. In der traditionellen Art eines Mannes, der einen anderen Mann anspricht, wandte er sich an Lloyd:

»Es gibt eine große Gemeinschaft von Menehune, die hier in Kokee und Waimea leben. Hier gibt es nur wenige Wanderwege, deshalb stören uns nicht so viele Menschen. Wie wir wissen, haben unsere Brüder und Schwestern im oberen Wald von Kokee dich mit einer 'Awa-Zeremonie empfangen, deshalb gehörst du jetzt auch zu unserer Verwandtschaft. Wir heißen dich und deine Partnerin in unserer Gemeinschaft willkommen.«

Während er sprach, blieben Lloyd und ich reglos stehen; als er fertig war, trat er vor und berührte mit seiner Stirn die Stirn von Lloyd und danach meine, während wir den Atem von Aloha teilten.

Der Menehune trat wieder zurück und fuhr fort: »Wir haben ein Anliegen. Wir hörten von deiner Arbeit, mit der du Elementarwesen hilfst, sich mit menschlichen Partnern zusammenzutun, um eine schöne und gesunde Erde zu erschaffen. Einige Mitglieder unserer Gemeinschaft möchten sich dir anschließen. Wir wissen, dass du gereifte Elementargeister in deiner Gruppe vorziehst, doch wir wünschen uns sehr, dass du ein paar unserer jüngeren Menehune annimmst. Wir glauben, dass die Jungen mit ihrer Unvoreingenommenheit das Wissen von menschlichen

Partnern schneller aufnehmen werden, und davon wird unsere gesamte Gemeinschaft profitieren.«

Lloyd schien unsicher. Sich entschuldigend, wandte er sich mit besorgter Miene an mich: »Mir ist nicht wohl dabei. Selbst ältere, stärkere Elementarwesen haben Probleme, wenn sie eine Partnerschaft mit Menschen eingehen, deshalb frage ich mich, ob diese jungen sich in einer solchen Partnerschaft behaupten können. Da sie noch nicht voll ausgereift sind, könnte ihre wahre Essenz durch diesen Kontakt verlorengehen.«

»Gibt es irgendeine Möglichkeit, seinem Anliegen zu entsprechen und die Jüngeren gleichwohl zu schützen?« fragte ich Lloyd, denn er hatte mehr Erfahrung mit Elementarwesen und Menehune.

»Nur, wenn sie als ganzer Stamm eine Partnerschaft eingehen«, antwortete er und fuhr sich übers Kinn. »Viele Jüngere könnten sich gemeinsam mit *einem* Menschen zusammentun. Auf diese Weise würde die Energie des Menschen sie nicht überwältigen.«

Der Sprecher der Menehune, der unser Gespräch mitgehört hatte, beeilte sich, den Vorschlag des Leprechaun zu akzeptieren: »Wir bitten euch darum, fürsorgliche Menschen zu finden, die sanft mit unseren Kleinen umgehen und sie nicht überwältigen. Wir möchten, dass unsere Kinder ihre Unschuld behalten. Bitte findet gutherzige Menschen, die in ihrem Denken nicht so festgelegt sind und die gerne spielen.«

Als ich meine Aufmerksamkeit der Gruppe zuwandte, bemerkte ich viele kindlich aussehende Menehune beiderlei Geschlechts, die gespannt zuhörten. Sie schienen zu verstehen, was ihre Verpflichtung für sie bedeutete; einer von ihnen, angezogen wie eine kleine Ausgabe des elfenhaften Menehune, trat vor und sprach:

»Wir studieren die Menschen schon lange, deshalb verstehen wir dein Zögern. Da wir in Raum und Zeit reisen können, werden wir in der Lage sein, eine gewisse Zeit mit unserer Familie hier im Wald und die andere mit unserem Menschen zu verbringen. Auf diese Weise müssen wir nicht die ganze Zeit über bei unserem Menschen sein. Falls die Gefahr besteht, in der menschlichen Welt verlorenzugehen, können wir uns darauf verlassen, dass unsere Ältesten uns nach Hause rufen. Schließlich wollen wir Menehune bleiben.«

Damit zog er sich in die Gruppe seiner Altersgenossen zurück, und ich sah, dass der ältere Menehune vor Stolz strahlte. »Er muss sein Kind sein«, dachte ich. In diesem Moment wurde ich auf eine weibliche Ali'i-Älteste aufmerksam, offensichtlich eine menschliche Ahnin, die sich etwas abseits von uns hielt und unsere Unterhaltung beobachtete. In königlicher Haltung stand sie da und ließ uns durch ihre schlichte Größe wie Zwerge aussehen. Sie trug einen Umhang aus leuchtend gelben und roten Federn und hielt einen gefiederten Stab in der Hand. Wie schon bei früheren Gelegenheiten sprach auch diese Ahnin weder zu mir noch zu Lloyd oder zu den Menehune. Dennoch war ich mir sicher, es würde keine Einigung geben, wenn diese Ahnin nicht einverstanden war. Während mir diese Gedanken durch den Kopf gingen, senkte sich eine plötzliche Wärme auf mich herab – das Zeichen, dass die Ahnin ihre Zustimmung gegeben hatte. Mein Herz dehnte sich in noch größerer Liebe aus, denn ich wusste, sie vertraute uns ihre Kinder an.

Lloyd musste dasselbe Gefühl gehabt haben, denn er trat zu mir und verband seine Energie mit meiner. In diesem Moment scharte sich die ganze Gemeinschaft um uns, so dass Lloyd und ich unsere vereinten Energien zu ihnen abstrahlen konnten, und als Antwort ließen sie ihre vereinte Energie zu uns zurückströmen. Wie beim Austausch während Bluttransfusionen können wir unsere Lebensenergie durch Gedanken und Willenskraft zu jemand anderem senden, und das wird ihn verändern. Das Empfangen von Energie geschieht auf dieselbe Weise. Lloyd stand da und gab sich feierlich dem Vorgang hin. Unser Energieaustausch war eine unausgesprochene Verpflichtung den Menehune gegenüber, ihre Kinder zu beschützen.

Als unser Ritual abgeschlossen war, verschwand die Gemeinschaft so schnell, wie sie gekommen war. Bevor ich irgendetwas sagen konnte, hob Lloyd die Hand und hielt mich zurück: »Was wir erreicht haben, ist gut; doch im Moment habe ich keine Zeit zum Plaudern. Ich bin sehr beschäftigt mit Üben und damit, rechtzeitig fertigzuwerden – und die Zeit drängt!«

»Wofür?« konnte ich gerade noch in seine sich auflösende Form hineinrufen.

»Das wirst du früh genug sehen«, hörte ich als Echo aus dem Äther.

Lloyd besitzt einen ausgeprägten Sinn für den richtigen Zeitpunkt und hört immer auf seine innere Führung, also gab ich mich damit zufrieden.

Als ich angehalten hatte, um mit den Menehune zu sprechen, war Simon weitergegangen, um mir den nötigen Raum zu geben. Ich fand ihn hinter der nächsten Biegung, wo er auf einem Baumstamm saß und die friedliche Stille des Waldes genoss. Schweigend wanderten wir weiter und kamen bald zu einem atemberaubenden Wasserfall, der tief zum Boden des Canyons hinabstürzte. Während Simon sich bis an die Kante vorwagte, um die mannigfaltigen Wassertropfen zu beobachten, ließ ich mich weiter hinten nieder, um nachzudenken. Meine Gedanken wanderten immer wieder zurück zu den wiederholten, nicht gerade subtilen Andeutungen, die der Leprechaun mehrere Male über seine Ausbildung gemacht hatte, die ihn so in Atem hielt. Offensichtlich meinte er, ich müsse es begreifen, aber was war »es«? Die Antwort auf meine Fragen sollte ich schon bald erhalten.

Einer der Höhepunkte meines Besuchs auf Kauai im vorangegangenen Jahr war die Teilnahme an einem Abend zur Feier von Hula gewesen. Ich liebe die Anmut und Schönheit dieses Tanzes, für mich kommt darin die weichste und sanfteste Form von Weiblichkeit zum Ausdruck. Als ich noch jung war, vielleicht acht oder neun Jahre alt, hatte uns einmal Elmar, der Cousin meines Vaters besucht, der den größten Teil seines Lebens auf Hawaii verbracht hatte. Wir lebten in der Wohnsiedlung einer kleinen Stadt, wo sich alles um Hockey drehte. Hier gab es keine Veranstaltungen mit anmutigem Tanz. Für mich war es ein magischer Abend gewesen, als Elmar mit der Hand einige Hula-Bewegungen vorführte. Noch Jahre danach übte ich in der Ungestörtheit meines Schlafzimmers diese Bewegungen.

Man stelle sich meine Freude vor, als ich erfuhr, dass dieser Hula-Abend nur einmal im Jahr stattfand und wir per Zufall genau zur richtigen Zeit nach Kauai zurückgekehrt waren. Und – ich besaß das perfekte Kleid dafür. Meine Mutter hatte eine ältere Freundin, Margarite, die ich vor ihrem Tod nur einmal getroffen hatte. Doch bei dieser Gelegenheit war sie in ihr Schlafzimmer gegangen und mit einem altmodischen hawaiianischen Kleid, ähnlich einem Muumuu, zurückgekommen:

»Als junge Frau war ich auf Hawaii«, hatte Margarite gesagt. »Seit damals habe ich dieses Kleid, und ich möchte, dass du es bekommst.«

Das Kleid ist entzückend; es besteht aus mehreren in Orange, Gelb und Senfgelb geblümten Stoffbahnen, kontrastiert mit Himmelblau und Braun, unten am Rand gesäumt mit hübschen Fransen. Ich glaube, es ist handgearbeitet und mit Naturfarben gefärbt. Immer, wenn ich es trage – aber *niemals* in Kanada – bekomme ich Komplimente. Dieses Kleid fühlt sich an wie Hula, wie die alten Tage auf Hawaii, und es hilft mir, die noch schlafenden tiefen weiblichen Energien wieder zum Leben zu erwecken.

Die Hula-Veranstaltung fand an diesem Abend statt, nach unserer Rückkehr von Weimea. Frisch geduscht und herausgeputzt in meinem Kleid betrat ich gemeinsam mit Simon den Zuschauerraum. Er sitzt lieber nicht ganz so nah an der Bühne, da er es so laut nicht verträgt, deshalb ging er in Richtung der freien Sitzplätze in der Mitte. Kaum hatten wir uns hingesetzt, als sich eine große Frau mit hoch aufgetürmtem Haar direkt vor mir niederließ. Als ich mich nach einem besseren Platz umsah, fühlte ich mich zu zwei Plätzen in der zweiten Reihe nahe der Bühne hingezogen. Simon war einverstanden, und wir setzten uns um – wie viel besser konnte man von hier aus die Darsteller sehen, und, wie sich herausstellen sollte, war das auch genau der richtige Ort für ein Zusammentreffen!

Am Tag zuvor hatte ich Danny bei unserer Verabschiedung gefragt, ob er einen Kumu (Lehrer) kenne, der vielleicht etwas mehr über die geheimnisvollen Mo'o wüsste. Danny hatte gemeint, es könne nützlich sein, mit einer bestimmten Hawaiianerin zu sprechen, einer Kumu und Expertin für hawaiianische Kultur. Er hatte sie angerufen, um zu fragen, ob sie Zeit für ein Treffen mit mir hätte, aber sie hatte gemeint, sie hätte zu viel zu tun. Konnte es deshalb Zufall sein, dass ich mich in einem Auditorium mit Hunderten von Menschen direkt hinter einer königlich aussehenden Hawaiianerin wiederfand, die von der Frau neben mir mit eben diesem einzigartigen Namen angesprochen wurde? Das konnte nur ein Zeichen des Himmels sein, und ich bat darum, mich vorstellen zu dürfen.

»Hallo, ich bin Tanis Helliwell, die Frau, in deren Namen Danny Hoshimoto angerufen hat«, sagte ich.

»Erfreut, Sie kennenzulernen«, antwortete sie höflich und wandte sich schnell wieder ab.

Enttäuscht akzeptierte ich die Tatsache, dass sie nicht mit mir sprechen wollte. Ich konnte nicht verstehen, warum sie die Tür zugeschlagen hatte. Die Vorzeichen für unsere Begegnung schienen so klar. Erst später erfuhr ich, dass sich ihre Kenntnisse hauptsächlich auf das Gebiet des traditionellen hawaiianischen Kunsthandwerks bezogen. Vielleicht, dachte ich, war sie gar keine Expertin für die Mo'o und hatte deshalb das Gefühl, nichts beitragen zu können. Oder hatte es damit zu tun, dass ich eine Haole war und sie deswegen nicht mit mir über die Mo'o sprechen mochte? Auf jeden Fall akzeptierte ich die Zurückweisung, glaubte aber weiter daran, dass die Ahnen mir zur richtigen Zeit behilflich sein würden. Die Synchronizität, direkt hinter dieser bemerkenswerten Frau zu sitzen, bestärkte mein Vertrauen, dass die Ahnen mir den Weg wiesen. Auch hatten sie mich dadurch beschenkt, dass ich näher bei den Hula-Tänzern sitzen konnte.

Als ich eine Broschüre las, um mich genauer zu informieren und die Darbietungen besser würdigen zu können, lernte ich, dass es zwei Arten von Hula gab. Während Simon und ich auf den Beginn warteten, unterhielten wir uns darüber.

»Wusstest du, dass Hula Kahiko die traditionelle Form des Tempeltanzes ist, der ursprünglich für die Götter aufgeführt wurde? Hula Kahiko war mit den Kahuna verbunden, die den Göttern geistige Kraft, Mana, sandten, um auf diese Weise um Kraft und Schutz zu bitten. In manchen

Hula Kahiko wurden die Ali'i geehrt, weil man glaubte, dass sie von den Göttern abstammten.«

»Ist das die Art von Tanz, die wir heute Abend sehen?« fragte Simon.

»Ich weiß noch nicht«, antwortete ich. »Doch was ich weiß: Alles, was mit Hula zu tun hat, wurde ursprünglich in einem Ritual und mit großer Ehrerbietung ausgeführt, und das schloss die Wahl der Pflanzen, die Herstellung der Leis, die der Darbietung vorangehenden Gebete und die Entsorgung der Blumenketten danach mit ein. In den Worten, in der Genauigkeit der Darbietung und in der Harmonie der Bewegungen jedes einzelnen Tänzers steckt Mana, und selbst ein geringfügiger Fehler könnte die Botschaft an die Götter entwerten und Unglück bringen. Hawaiianer hatten keine geschriebene Sprache, und Hula war ihre Art, ihre Legenden und Stammbäume und ihre Geschichte aufzuzeichnen. Jede einzelne Geste in Hula hat eine spezifische Bedeutung, und die Bewegungen werden von Gesängen begleitet, in denen die Geschichte erzählt wird. Das erste Mal wurde Hula im Jahr 1886 öffentlich aufgeführt, als König Kalakaua, der Hula ›die Sprache des Herzens‹ nannte, seine Erlaubnis dazu erteilte.«

»Ist das der Hula, den ich mag?« fragte Simon, der mit meinen Ausführungen nicht viel anfangen konnte.

»Die Art Hula, die du magst, ist eine neue Form. Sie wird Hula Auana genannt, und statt von traditionellen Instrumenten wie Trommeln und Rasseln wird sie mit modernen Instrumenten aufgeführt, wie Ukulele, Kontrabass und Slack-Key-Gitarre – ich weiß, dass du ein Fan davon bist.«

In diesem Augenblick wurde das Licht gedimmt, und die Feier begann. Eine allseits verehrte Kumu, die wir auch schon im letzten Jahr gesehen hatten, betrat die Bühne gemeinsam mit den Musikern; ihre Instrumente machten deutlich, dass sie – bedauerlich für Simon – hauptsächlich traditionellen Hula aufführen würden. Als erste traten ganze Gruppen aus Frauen und Kindern auf, bis schließlich die Männer dran waren, um ihre Version von Hula zu zeigen. Traditionell tanzen Männer eine andere Art Hula als Frauen. Männer benötigen eine Kombination von athletischer Kraft und fließender Anmut, in der Yang- und Yin-Qualitäten zusammenfließen. Sie üben normalerweise schon von Kindesbeinen an; um zu einer solchen Körperbeherrschung zu gelangen, sind Hingabe und eine lange Praxis nötig.

Eine große Gruppe Männer betrat die Bühne. Alle waren um die Hüften herum in grüne Ti-Blätter gehüllt und trugen Leis auf dem Kopf und um Hals, Handgelenke und Knöchel. Von ihrer Aufmachung her sah es für mich, die Uneingeweihte, so aus, als würden sie Hula Kahiko aufführen, und ich freute mich sehr auf ihre Darbietung.

Eben war er noch nicht da, im nächsten Moment tauchte er auf – ihr wisst, von wem ich spreche! In der letzten Reihe, hinter einigen großen Männern und genauso gekleidet wie sie, stand ein kleiner rothaariger Leprechaun mit großen Füßen. Ich traute meinen Augen nicht und hielt den Atem an; ich hoffte, dass es keine Katastrophe geben würde, befürchtete aber das Schlimmste. Ich wusste ja, wie schwierig Hula war und wie genau es ausgeführt werden musste und wie viele Jahre man zu üben hatte.

Die Kumu begann, Gebete zum Lob von Hula zu chanten, während die Tänzer regungslos stehenblieben. Als nächstes trugen die Tänzer die der Darbietung vorausgehende Gesänge vor, und ich sah, wie mein Freund die richtigen Worte formte. So weit, so gut. In fließender Harmonie begannen die Tänzer ihren Tanz. Meine Augen klebten an dem Tänzer in der hinteren Reihe, und unablässig sandte ich Gebete um eine fehlerlose Zeremonie an die Göttin Laka. Schnelle, stampfende Schritte von rechts nach links mit dazu passenden Bewegungen der Arme – und der Leprechaun hielt mit. Alles lief die erste Nummer durch unglaublich gut, und ich stieß einen erleichterten Seufzer aus. Jetzt würde er sicher so vernünftig sein, von der Bühne zu verschwinden. – Aber zu früh gefreut!

Alle Tänzer ließen sich auf die Knie fallen, und die Kumu begann den Gesang für den zweiten Hula. Und da war auch Lloyd, den Blick fest geradeaus gerichtet, sehr wohl bereit, weiterzumachen. Während die Männer auf ihre Knie und auf den Boden klopften, bewegten sie sich nahtlos aufeinander zu und – Laka sei Dank – Lloyd ebenfalls. Schließlich begann ich zu verstehen, wie ernst ihm seine Rolle war. Nachdem der Hula zu Ende war, erhob er sich selbstgefällig grinsend zusammen mit den anderen. Als die Männer die Bühne verließen, warf der Tänzer vor Lloyd diesem einen Blick zu, dann machte er Platz und ließ meinen Freund vorangehen.

Was für eine Nacht! Ich konnte es kaum erwarten, Lloyd bei unserem nächsten Treffen zu gratulieren.

SEGNUNGEN DER AHNEN AN DEN HO'OPI'I-WASSERFÄLLEN

Nacht um Nacht verstrich, in denen ich unter den Sternen mit Blick auf den Prince Kuhio Park schlief. Ich unternahm keinen weiteren Versuch, die Ahnen dort zu besuchen, da sich der Zeitpunkt nicht richtig anfühlte. Ich hatte das Gefühl, als ob ich, als Menehune und Mo'okane mich unterrichteten, auf etwas vorbereitet würde, bis schließlich, Tropfen für Tropfen, mein Gefäß voll genug sein würde für einen Durchbruch oder für eine Veränderung meines Bewusstseins. Immer noch beschäftigten mich Fragen zur Rolle der Ahnen und warum sie Verbindung mit mir aufgenommen hatten, aber weder Lloyd noch sie schienen willens, sie zu beantworten. Mein Leprechaun-Freund war tagelang abwesend – auf gewisse Weise eine Erleichterung: So konnte ich meine Zeit mit Simon genießen. Auf der anderen Seite jedoch fühlte ich mich etwas verloren – wie ohne Landkarte in einem unbekannten Land.

Dann gab es den Durchbruch. Als ich eines Morgens auf der Veranda erwachte, tauchte der schwer zu fassende Leprechaun auf. Er zog einen Liegestuhl heran und ließ sich hineinplumpsen, dann nahm er einen großen Schluck aus einer Tasse mit dampfendem Schwarztee. Er hatte kein Problem, im ätherischen Bereich Tee zu manifestieren, wo er ihn trinken konnte, doch mochte er es immer gerne, wenn ich ihn in der physischen Welt mit Tee versorgte, damit er die Essenz in sich aufnehmen konnte.

»Gibt es auch Tee für mich?« scherzte ich.

»Nur, wenn du einen machst, meine Liebe. Bis jetzt habe ich noch keine Möglichkeit gefunden, dir deinen Tee ans Bett zu bringen.«

»Ich bin sicher, das kann warten. Ich freue mich sehr, dich zu sehen, und hatte noch gar keine Gelegenheit, dir zu deiner erstaunlichen Hula-Aufführung zu gratulieren«, sagte ich und setzte mich auf.

»Oh, aber das hast du. Ich habe deine Gebete während meines Hula-Tanzes gehört und wusste, dass du mir die Daumen drückst. Wir sind eng verbunden, und wenn du solch starke Gedanken ausschickst, kann man sie kaum überhören.«

»Nun, dann weißt du auch, dass ich nach Antworten auf mehrere Fragen suche. Zum Beispiel: Was hast du die ganze Zeit über studiert und warum hast du es geheimgehalten?«

»Ich habe meine Verpflichtung als Ehren-Kahuna (Schamane) erfüllt, und das bedeutet ein Training in Zeremonien, Ritualen und in Hula. Natürlich werde ich nie sehr gut in Hula sein, weil ich viel zu spät angefangen habe, aber ich mache es mit Hingabe und nehme an so vielen Übungsstunden teil, wie ich kann. Traditionell haben Männer und Frauen ihren eigenen Studiengang und halten die Lehren voreinander geheim, also konnte ich es nicht mit dir besprechen. Was noch hinzukommt: Ich bin immer noch ein Haole und muss deshalb besonders stark darauf achten, kein Kapu (Tabu) zu verletzen.«

»Wirklich erstaunlich. Wie lange studierst du denn schon? Und warum, bei all den anderen kulturellen Traditionen, die du hättest wählen können, hast du dich der hawaiianischen Tradition verpflichtet?«

»Wieder zwei Fragen, aber ich werde diesmal nachsichtig sein. Du warst geduldig, als ich nicht da war, um über Menehune und Mo'okane zu reden, deshalb verdienst du jetzt etwas Geduld von meiner Seite. Also, ich studiere die hawaiianische Tradition, weil die alten Elementarwesen, die meine Lehrer und Ahnen sind, dachten, ich müsste stärker ›yin‹ sein, mehr akzeptierend, weniger bestimmt. Kannst du dir das vorstellen?

Das geht jetzt schon seit vier Jahren so, und ich flitze hier rüber, wann immer ich mir freinehmen kann von der Aufgabe, Elementargeistern zu helfen, menschliche Partner zu finden. Die Mo'okane, Menehune und Ahnen haben beschlossen, dich in ihren Traditionen zu unterrichten, um in dir Erinnerungen aus deinen hawaiianischen Leben zu erwecken. Da du das schon in früheren Leben warst, lebt das entsprechende Gedächtnismuster in deinem Körperelementarwesen, in deinem ätherischen Körper, für alle von ihnen gut sichtbar.

Wir alle – die unsichtbaren Wesen, wie du gerne sagst – leben auf unterschiedlichen Ebenen in der Astralwelt. Die Frequenzen dieser Ebenen liegen enger beieinander als die Frequenz zwischen der astralen und der physischen Welt der Menschen, die sich nur der physischen bewusst sind. Deshalb können wir in der Welt der jeweils anderen sehen, hören und uns bewegen. Nun, nicht wirklich alle von uns, ich sollte ein wenig genauer sein: Kahuna oder Ali'i, bei den Menehune wie bei den Menschen, besitzen mehr Mana (spirituelle Kraft), also können sie auf der Ebene des jeweils anderen Besuche machen und sogar dort leben.«

»Ich würde gerne wissen ...«, sagte ich.

»Nein. Unterbrich mich nicht. Ich will den Faden nicht verlieren, weil du wissen musst, was ich dir noch zu sagen habe.«

Erpicht auf seine lang entbehrten Auskünfte, blieb ich still.

»Ich weiß, was du fragen willst, also will ich dich erlösen. Hier ist das Stück Käse, auf das du gehofft hast.« Lloyd projizierte das Bild einer winzigen Maus mit meinem Gesicht, die ihn um eine milde Gabe anbettelte.

»Menschen auf dem spirituellen Pfad können diese astralen Ebenen besuchen, um mit den vielen Arten von Wesen zu kommunizieren, die dort leben. Tatsächlich werden die Menschen diese Kunst in eurem sogenannten Wassermannzeitalter beherrschen lernen, das heißt, in den nächsten zweitausend Jahren. Ich will dich jetzt nicht zu sehr loben, aber tatsächlich hast du einen Vorsprung auf diesem Gebiet. Aus diesem Grund sind die verschiedenen Kahuna begierig darauf, ihr Wissen mit dir zu teilen. Und es ist deine heilige Verantwortung, diese Informationen weiterzugeben. Der erste Schritt, um mit dem astralen Reich in Berührung zu kommen, ist, an seine Existenz und die verschiedenen dort lebenden Wesen zu glauben. Auf diesem Weg können Menschen die eigenen

Verbindungen mit ihren Ahnen aufbauen, um Antworten auf ihre Fragen zu erhalten.

Noch *mehr* Fragen?« Er verschränkte herausfordernd die Arme über seiner fülligen Brust und gab mit dieser Geste eindeutig zu verstehen, dass ich es ja nicht wagen sollte.

»Ich weiß ihr Vertrauen sehr zu schätzen und auch alles, was diese wunderbaren Wesen mir mitteilen, doch hätte ich gerne eine Bestätigung von Hawaiianern, das heißt von Menschen, und nur aus diesem Grund habe ich immer weitergebohrt«, erklärte ich – und setzte noch eins drauf: »Und ich würde immer noch gerne mehr über die Rolle der Ahnen erfahren, besonders in meinem Leben.«

»Mach dir keine Sorgen! Alles kommt zur hawaiianischen Zeit und auf hawaiianische Weise. Warum unternimmst du nicht einen kleinen Ausflug in das Museum in Lihue?« fragte er und ließ damit ein weiteres Stück Käse vor meiner Nase baumeln, als er mir zum Abschied zuwinkte.

Bereit, auf seinen Vorschlag einzugehen, ging ich ins Haus, um Simon zu wecken. Ich kann nicht verstehen, dass er lieber im Bett schläft, wenn er wie ich im Schlafsack unter den Sternen träumen könnte. Nachdem wir unseren Porridge gegessen hatten – und etwas für Lloyd übriggelassen hatten, falls er zurückkäme – fuhren wir zum Museum, um Informationen über die Mo'o zu finden. Simon liebt Werkzeuge, also war er glücklich, die Sammlung des Museums zu begutachten, während ich mich auf die Suche nach Informationen über Mo'o machte.

Ich wanderte durch den Buchladen und fand einige Bücher mit Volkssagen über Menehune. Doch außer ein paar Legenden gab es nichts über Menschen, die mit Mo'o gesprochen hatten, und Mo'okane wurden überhaupt nicht erwähnt. Ich ging zur hawaiianischen Museumsleiterin und fragte: »Haben Sie irgendwelche Literatur über tatsächliche Begegnungen mit Mo'o?«

»Nein«, antwortete sie. Sie war höflich und lächelte, doch ich spürte, dass sie gegenüber einer Haole nicht mehr preisgeben wollte. Ein ähnliches Zögern ist mir in Irland begegnet, wo die Iren nicht über Leprechauns sprechen wollen. Vielleicht haben Einheimische das Gefühl, man würde sich über sie lustig machen, wenn sie an Elementargeister und andere geistige Wesen glaubten.

Ich fragte mich, ob ich meine Erfahrungen erwähnen sollte, entschied mich dann aber für einen kleinen Umweg.

»Auf Maui habe ich mit Kimokeo Kapahulehu über Menehune und andere Wesen gesprochen, die man aus der Volkskunde kennt. Er ist von Kauai. … Kennen Sie ihn vielleicht?«

Ihr Lächeln vertiefte sich, und die Tür öffnete sich: »Oh ja, er ist der Bruder einer guten Freundin. Wir erwarten, dass er bald kommt und uns besucht.«

»Das klingt jetzt vielleicht verrückt, aber es ist so: Über die letzten vier Jahre hinweg habe ich viele Menehune und Mo'o getroffen, und sie wollen, dass ich über das, was sie mir erzählen, ein Buch schreibe. Darum möchte ich diese Erlebnisse gerne auf ihren Wahrheitsgehalt überprüfen.«

»Das ist wunderbar, und wir hätten sehr gerne eine Ausgabe von allem, was Sie schreiben«, antwortete sie und strahlte eine neue Offenheit und Vertrauen aus.

»Wenn Sie jemanden kennen, mit dem ich sprechen oder wohin ich gehen könnte – bitte sagen Sie es mir. Ich würde das sehr zu schätzen wissen.«

»Es tut mir wirklich leid, aber mir fällt nichts ein, was Ihnen helfen könnte.«

Diese warmherzige Frau war sehr entgegenkommend. Ich hatte versucht, meine Forschungen zu vertiefen, und wenn die geistige Welt, die Mo'o und Ahnen wollten, dass ich mehr erführe, würden sie mir das schon zu rechten Zeit mitteilen.

Glücklicherweise musste ich nicht lange warten. Für denselben Nachmittag hatte Jeanne Russell von Dolphin Touch Wellness eine von mir geführte Exkursion in einen Feenwald organisiert. Obwohl der Ausflug als Begegnungsmöglichkeit mit Elementargeistern angekündigt war, habe ich schon früher festgestellt, dass das Universum einem genau das gibt, was *es* will, gleichgültig, was man selbst plant.

Schon am Tag zuvor hatte ich den Teilnehmern unserer Gruppe von meinen Abenteuern mit den Menehune und Mo'o erzählt, und sie waren begierig darauf, ihre eigenen Erfahrungen zu machen. Ich war ebenfalls sehr gespannt, weil es das erste Mal war, dass ich diesen verzauberten Wald und die Ho'opi'i-Wasserfälle am Kapa'a-Fluss sehen würde. Zuerst machten wir am Eingang zum Wald Halt, um uns für das Geschenk dieser Naturschönheit und für ihre Lebendigkeit zu bedanken; außerdem baten wir um genügend Offenheit, damit wir Elementargeister und alle anderen Wesen, die uns begegnen wollten, wahrnehmen konnten.

Wir hatten den Wanderweg gerade betreten, als Lloyd dazukam und sich, ohne anzuhalten oder ein Wort zu sagen, an die Spitze der Gruppe setzte. Sein feierlicher Gesichtsausdruck machte deutlich, dass wir schweigend weitergehen sollten. In der Hand hielt er einen langen Ko'oko'o, einen Wanderstab in der Art, wie die königlichen Ali'i ihn trugen. Ich nahm an, dass er ihn als Zeichen seines neuen Ansehens von den Ali'i erhalten hatte. Der Stab war größer als er, aber er hatte keine Schwierigkeit, so forsch auszuschreiten wie der Tambourmajor in einer Musikkapelle. Ich hatte das Gefühl, unsere Gruppe von Menschen war *die* große Attraktion.

Mein Eindruck bestätigte sich sogleich, als eine Prozession von Menehune und Mo'okane erschien und sich schweigend im Gänsemarsch hinter uns einreihte. Manche hatte ich schon vorher auf Kauai getroffen, andere sah ich zum ersten Mal und wusste intuitiv, dass sie von allen hawaiianischen Inseln gekommen waren. Ich sandte ihnen geflüsterte Fragen zum Zweck ihres Besuchs zu und erhielt, ebenso im Flüsterton, die Antwort: »Die Ahnen haben uns gerufen, um ihre Wunden und die der Erde zu heilen.«

»Welche Wunden?« flüsterte ich in Gedanken.

»Das Leiden des hawaiianischen Volkes und der Mangel an Respekt für ihre Traditionen von Seiten der Invasoren«, hörte ich als Antwort, als mich der Leprechaun mit der Mahnung »Nicht jetzt!« nachdrücklich aufforderte zu schweigen.

Allmählich führte unser abschüssiger Weg in einen magischen Feenwald. Er war voller moosbedeckter empfindender Bäume, die unser Näherkommen beobachteten. Unsichtbare Kräfte befahlen mir, vom Pfad abzuweichen und nach links zu gehen, und als ich das tat, folgte mir

Lloyd. Ich gab der Gruppe ein Zeichen, an einem abgelegenen Fleck am Fluss bei drei alten Bäumen einen Kreis zu bilden. In dem Moment, als wir uns setzten, krähte ein Hahn und kam auf uns zumarschiert, um sich dann wie ein Wächter hinter unserem Rücken aufzustellen. Der Hahn krähte ein zweites Mal als Zeichen, dass ein bedeutsames Ereignis bevorstand. Lloyd und seine Freunde stellten sich an ihre Plätze und bildeten einen heiligen Kreis um uns, um unser weiteres Vorgehen zu beobachten.

Die bewussten Bäume und andere Wesen des Waldes strahlten Frieden und bedingungslose Liebe aus. Wir alle wussten, dass wir einen Ort jenseits von Raum und Zeit betreten hatten. In der heiligen Atmosphäre, die die alten Bäume erschufen, lauschte ich, um herauszufinden, um was wir gebeten wurden. Ich hörte, dass jeder einzelne von uns aus dem Herzen heraus, mit Aloha, über das sprechen sollte, wozu die geistige Welt und die Ahnen uns unserer Meinung nach aufriefen.

Die erste Person, die sprach, war eine Frau, die sich mit Erdheilung befasste. Sie hatte ein Buch dazu geschrieben:

»Ich möchte den Menschen, denen ich in dem Resort begegne, in dem ich arbeite, dabei helfen, sich der heiligen Aspekte der hawaiianischen Kultur bewusst zu werden«, erzählte sie. Wir übrigen visualisierten, wie sie ihr Ziel erreichte.

Eine anmutige, warmherzige Heilerin war die nächste: »Ich möchte für das Herz von Kauai ein größeres Zuhause erschaffen, damit alle Menschen in Freude leben können.«

Auf diese Weise fuhren wir fort, bis die letzte Person dran war, ein stiller Mann, der an Elementarwesen glaubte. Er erklärte: »Meine Leidenschaft ist es, in der Natur spazierenzugehen, was ich so oft wie möglich mache. Doch dabei bin ich immer allein, und ich würde gerne mit anderen zusammen gehen. Wenn ich in der Natur bin, kann ich die Gegenwart von Elementargeistern spüren, aber ich habe sie noch nie gesehen – was ich gerne möchte. Und noch etwas: Ich weiß nicht genau, was ich tun kann, um der Erde zu helfen.«

Nachdem wir alle um Führung gebetet und miteinander über das Empfangene gesprochen hatten, öffnete ich mich weiter, um zu sehen, was die Wesen an diesem heiligen Ort als nächstes von uns wollten. Augenblicklich näherte sich vom Fluss her eine Gruppe königlicher Ali'i und Kahuna-Ahnen. Bis zu diesem Moment hatte ich sie nicht wahrgenommen, und mir wurde klar, dass sie wählen konnten, sichtbar zu sein oder unsichtbar zu bleiben. Unter ihnen waren die Wächter vom Prince Kuhio Heiau, die Mo'okane vom Wailua River und der elfenhafte Menehune und die weibliche Ali'i, die uns die Menehune-Kinder in Waimea vorgestellt hatten. Und das waren noch nicht alle: Burt und Daisy waren ebenfalls erschienen.

Als die Ahnen näherkamen, erschufen die alten Bäume einen ätherischen Heiau, indem sie eine schützende Kuppel aus Licht über und um uns herum bildeten. Die Ahnen begannen, uns mit einem offenen, warmherzigen Aloha anzustrahlen. Ihr Segen galt der Arbeit, die wir machten: die Erde zu lieben und ihr zu dienen. Ihre kraftvolle Energie ähnelte der Sonnenenergie, und ich konnte spüren, wie sie durch uns hindurchströmte, um so das Göttliche in der Erde zu verankern.

Barfuß und in einen fließenden blau und weiß gemusterten Muumuu gekleidet, trat Daisy vor. Jetzt war sie eine sehr viel unergründlichere Daisy mit wesentlich mehr Autorität als die, die ich zuvor getroffen hatte; sie offenbarte ihr wahres Selbst. Zahlreiche Leben voller Weisheit zogen über ihr Gesicht und beschenkten mich mit einem Blick auf viele verschiedene Ebenen ihres Seins. Ich erkannte, dass sie sich selbst »Daisy« (Gänseblümchen) genannt hatte, um die verschiedenen Aspekte ihrer Existenz zu verdeutlichen, so wie ein Gänseblümchen viele einzelne Blütenblätter hat, die gemeinsam eine Blüte bilden.

»Wir haben dich auf diesen Moment vorbereitet«, sagte Daisy zu mir. »Die Menschen hier in diesem Kreis leben auf Kauai. Sie lieben dieses Land und haben sich ihm verpflichtet. Darüber hinaus haben wir sie seit vielen Jahren auf energetischer Ebene vorbereitet, damit sie unsere Lehren annehmen können. Du hingegen bist eine Haole, eine Außenstehende, deshalb baten wir die Menehune und Mo'okane, dich die letzten Jahre über zu unterrichten, damit du für uns bereit bist. Unsere Lehren geben wir nicht nur durch Worte, sondern auch durch Erfahrungen,

Gelegenheiten und durch die Menschen, die wir dir schicken, weiter. Die Sprache des Herzens, oder Aloha, ist wortlos, und das ist es, was wir euch allen jetzt anbieten.«

Diesen Moment wählte Lloyd, um aus dem äußeren Kreis vorzutreten. Leis von allen Orten, an denen er beschenkt worden war, hingen um seinen Hals. Ganz offensichtlich hatte er sich ebenfalls auf diesen Augenblick vorbereitet.

Daisy wandte sich an ihn: »Wir freuen uns sehr über deine Arbeit mit Elementargeistern auf der ganzen Welt und dass du menschliche Partner für sie findest. Wie du weißt, haben wir viele Menehune und Mo'okane von Hawaii in deine Gruppe geschickt. Manche der Elementarwesen in dieser Gruppe besitzen inzwischen genügend Mana und Weisheit, um sowohl von ihnen zu lernen, als auch unsere Menehune und Mo'okane zu unterrichten. Und da du unsere hawaiianischen Traditionen studiert hast, bildest du selbst eine Brücke von uns zu den Ebenen der Elementargeister.«

Sich wieder mir zuwendend, fuhr sie fort: »Wir sind glücklich über deine Partnerschaft mit den Elementargeistern, da diese für uns ein Vorbild für einen modernen Weg ist. Wir Ahnen halten die hawaiianischen Traditionen rein und stark für unsere Nachkommen und für das Mana dieses Landes. Manche der Ahnen auf den Inseln, wie Ahnen in anderen Ländern auch, wollen die Reinheit dieser Traditionen aufrechterhalten. Andere, wie wir, möchten ihre Energie dem neuen Weg anbieten, um Menschen der heutigen Zeit zu unterstützen, welche mit Menehune, Elementarwesen und Ahnen arbeiten wollen. Aus diesem Grund sprechen wir heute mit dir.

Oft ist dein Weg und der unsere derselbe, Tanis.« Es war das erste Mal, dass Daisy meinen Namen aussprach; es berührte mich im Innersten. Ich fühlte mich auf einer tiefen Ebene wahrgenommen und war zu Tränen gerührt.

»So hast du zum Beispiel mehr als zwanzig Jahre lang Touren zu heiligen Stätten überall auf der Erde geleitet. Du wolltest auf diese Weise das Mana der Erde und der beteiligten Pilger stärken. Aus denselben

Gründen nahmen in alten Zeiten die Kahunas Gruppen von Hawaiianern mit auf Pilgerreisen zu den heiligen Heiaus. Da deine und unsere Beweggründe dieselben sind, öffnen wir unsere Augen für die neuen Arten zu teilen und zu heilen.«

Daisy trat zurück in ihre Gruppe, als die großgewachsene Ali'i-Ahnin, welche die Kinder in Waimea behütet hatte, vortrat. Sie war wesentlich größer als ich und trug einen wunderschönen gelb, rot und schwarz gefiederten Umhang um ihre Schultern. Von ihrem Auftreten her musste diese Ali'i-Ahnin eine Prinzessin oder eine Königin sein. Aufrecht schritt sie auf die uns umgebenden Mo'okane und Menehune zu und berührte jeden von ihnen segnend auf dem Kopf. Dann bewegte sie sich weiter zu uns Menschen, wo sie mit jedem einzeln die traditionelle hawaiianische Begrüßung austauschte, indem sie sich niederbeugte, ihre Nase und Stirn gegen unsere hielt und ihren Atem mit uns teilte. Als sie mir intensiv in die Augen schaute, spürte ich, wie mich ihre Energie verwandelte, so dass ich eine Brücke zu nicht-hawaiianischen Völkern sein und ihnen bestmöglich die hawaiianische Weisheit vermitteln konnte. Sie und die anderen Ahnen hatten keine Zweifel an mir, und sie wollten nicht, dass ich selbst an mir zweifelte. Auch sagte mir meine Intuition, dass der Atem, den wir mit ihr tauschten, wiederum an die Ahnen und die Kahuna, die ganz Kauai beschützen, weitergegeben würde.

Als sie zurück in die Gruppe der Ahnen trat, tauchte aus dem Fluss eine riesige Mo'o auf und kam auf uns zu. Außerhalb des Wassers war ihre große Ähnlichkeit mit Drachen sehr deutlich. Sie verströmte Mitgefühl, Stärke und Schutz. Ich kannte ihre Absichten, wie ich den Sinn der Rituale mit den anderen Ahnen verstanden hatte. Ebenso klar war, dass die Mo'o wollte, dass ich ihre Stimme sein sollte.

Mit Blick auf unsere menschliche Gruppe gab ich ihre Gedanken weiter: »Die Mo'o sind hier seit den Zeiten von Lemurien, und Hawaii, wie andere polynesische Inseln, verkörpert noch immer die Essenz von Lemurien. In unserer solaren, yang-betonten, mentalen westlichen Welt wurde seine weiche, yin-betonte, nährende Natur missachtet. Die Mo'o wollen diese Qualitäten in jedem von uns wiedererwecken. Durch ihre

Geschichte wollen sie an andere weitergeben, wie wichtig es ist – wenn wir geistig und körperlich gesund sein wollen –, dass diese Energien in unserer Welt wieder zum Leben erweckt werden. Diese Mo'o hat den Wunsch, uns in den Nebel dieser früheren Ära Kauais zu hüllen. Sie gibt ihre ätherische Energie, ihr Mana, an uns weiter und ihre Erinnerungen an die Äonen, in denen Mo'o die Gewässer hier beschützt haben. Ich sage ›sie‹ – die Mo'o jedoch betrachten sich selbst zum größten Teil als geschlechtslos. Das Wort ›es‹ ist nicht ganz passend, weil ihr dann vielleicht weniger von der Mo'o haltet – als wäre sie eine Sache und nicht das große Wesen, das sie ist.«

Als die Mo'o näherkam, um den Nebel ihrer Erinnerungen mit uns zu teilen, senkte sich wirklicher Nebel vom Himmel herab und segnete uns. Sie umarmte uns im Tau ihrer Essenz, und nach Erfüllung ihrer Aufgabe zog sie sich in den Fluss zurück. So schnell sie erschienen waren, so schnell verließen uns die Ahnen, Menehune und Mo'okane. Die fühlenden Bäume entfernten die Kuppel aus Licht, den ätherischen Heiau, um uns herum, und der Hahn, der uns den Rücken freigehalten hatte, entfernte sich.

Tief beeindruckt und voller Demut angesichts des Geschehenen, wollten wir etwas zurückgeben, also wanderten wir durch den geheimnisvollen Wald zu den Ho'opi'i-Wasserfällen und verstreuten glücklich die Freude und das Aloha der uns tief berührenden Segnungen, die wir erhalten hatten.

DER ZUFLUCHTSORT AUF BIG ISLAND

Weil die Einwohner von Kauai mehr Zeremonien abhalten, um zu chanten, zu tanzen, zu beten und den Ahnen zu lauschen, sprechen die Hawaiianer von Kauai als von der spirituellsten der Inseln. Deshalb verließ ich schweren Herzens Kauai, um nach Big Island zu fahren. Obwohl ich selbst mich nicht zu Big Island hingezogen fühlte, hatte die geistige

Welt offensichtlich andere Pläne. Als Freunde Simon und mich zu sich einluden und ein öffentlicher Vortrag organisiert wurde, sagten wir zu. Es erschien uns notwendig, so, als ob etwas in mir im Dunkeln schlafen würde, was dort erwachen konnte.

Es hätte nicht passender sein können: Wir begannen unseren Besuch an einem der heiligsten Orte auf Big Island, in Pu'uhonua o Honaunau, auch bekannt als »der Zufluchtsort«. Gelegen in einer geschützten Bucht an der Westküste mit reichlich Trinkwasser, war es ein natürlicher Ort für die Ali'i und einer ihrer wichtigsten Wohnsitze gewesen. Hier hatten sich die Häuptlinge des Kona-Distrikts zu Verhandlungen über Krieg oder Frieden getroffen, zu einem hawaiianischen Brettspiel ähnlich dem Damespiel, genannt *Konane*, und um mit Holzschlitten den Berg hinunterzufahren. Diener hatten die täglichen Arbeiten wie Kochen und das Herstellen von Töpfen und Kleidung erledigt.

Hawaiianer sind ein groß gewachsenes Volk. Nach den Aufzeichnungen von Menschen aus dem Westen gab es sowohl männliche als auch weibliche Ali'i mit einer Körpergröße von über 1,80 m, laut mündlicher Überlieferung waren sie in alten Zeiten noch etwa 30 – 60 cm größer. Für die alten Hawaiianer war es sehr wichtig, ihr Mana (Lebenskraft) rein und stark zu erhalten, und selbst heute noch hat auf den Inseln die jeweilige Abstammungslinie eine große Bedeutung. Damit das Mana stark blieb, heirateten der König oder die Königin – wie im alten Ägypten – manchmal einen nahen Verwandten oder sogar mehrere Verwandte. Das machte sie bei christlichen Missionaren nicht gerade beliebt, denn diese konnten die spirituelle Bedeutung der Erhaltung eines starken Mana innerhalb einer Abstammungslinie nicht verstehen. Daher ist es um so interessanter, dass die Missionare Pu'uhonua o Honaunau nicht zerstörten und dass es Hunderte von Jahren nach seiner Erbauung immer noch existiert.

Als ich durch die Stätte ging, hörte ich von ferne Ali'i-Ahnen zu mir sprechen: »Wir heißen dich hier willkommen. Erlaube der heiligen Energie dieses Ortes, Erinnerungen deiner hawaiianischen Leben wieder aufleben zu lassen.«

Während Simon auf den Fischweiher zusteuerte, um ihn genauer in Augenschein zu nehmen, zog es mich zu einer gewaltigen Steinmauer, die den königlichen Grund von Pu'uhonue o Honaunau abtrennte. Ich betrat die Anlage, in der der Zufluchtsort liegt, und kam an einen uralten Heiau, der große Kraft verströmte. Er war auf einem Kraftort der Erde erbaut; hier traf sich von oben das Mana des Göttlichen mit dem von unten kommenden Mana der Erde. Die Knochen vieler mächtiger Ali'i hatten in diesem Heiau gelegen; die Hawaiianer glaubten, dass dieser Stätte durch das Mana aus den Knochen Macht verliehen wurde. Ich konnte spüren, wie die Kraft von dem in der Astralwelt immer noch existierenden Heiau herabströmte.

Einstmals hatte es viele Zufluchtsorte gegeben, und die Menschen konnten beim nächstgelegenen Schutz finden. In Heiligtümern wie diesem hier wurde Feinden und jenen, die ein Kapu gebrochen hatten, eine zweite Chance gegeben. Zum Beispiel war es für Nicht-Adlige kapu, ihren Schatten auf den König fallen zu lassen; für Frauen, mit Männern gemeinsam zu speisen; und für alle, Nahrung zu essen, die den Göttern vorbehalten war. Es gab streng kontrollierte feste Zeiten im Jahr zum Töten von Tieren, zum Fischen und fürs Holzsammeln, und es war kapu, irgendeine dieser Tätigkeiten außerhalb der festgelegten Zeiten auszuführen.

Brachen Menschen diese oder andere Tabus, meldeten ihre Ehepartner, Kinder oder Eltern diese Verstöße, denn sonst wären sie selbst gefährdet. Das bedeutete, dass die Beschuldigten zu einem Zufluchtsort rennen oder schwimmen mussten, um ihr Leben zu retten. Im Krieg begaben sich Frauen, Kinder, Kranke und Alte zu einem Zufluchtsort und waren dort in Sicherheit. Innerhalb der Mauern eines Zufluchtsortes durfte kein Blut vergossen werden. Wenn jemand einen solchen Ort erreicht hatte, führte ein oder eine Kahuna eine Reinigungszeremonie durch, nach welcher der Flüchtling wieder nach Hause zurückkehren konnte. Dieses System, obwohl hart, funktionierte über viele Hunderte von Jahren gut und begründete das Rechtssystem auf Hawaii. Als König Kamehameha II. in den 1800-er Jahren die hawaiianische Religion verbot, mehr als sechs Monate vor der Ankunft der ersten christlichen Missionare, wurden alle Heiaus und Zufluchtsorte auf Big Island außer Pu'uhonua o Honaunau zerstört.

Die Stätte war faszinierend und die einzige, durch die ich ein wirkliches Gefühl für das Leben auf Hawaii in den alten Tagen bekam. Nachdem ich meditiert hatte und auf dem Gelände herumgewandert war, beschloss ich, zu einem Einführungsvortrag zu gehen, der von einem der Ranger gehalten wurde – vielleicht konnte ich noch mehr erfahren. Der Ranger, Kale Hua, arbeitete schon seit Jahrzehnten in Pu'uhonua o Honaunau. Beim Zuhören wurde mir klar, dass er ein sehr spiritueller Mann war und ein Hüter dieses heiligen Ortes. Am Ende des Vortrags sprach ich ihn an:

»Wird diese Stätte immer noch für spirituelle Zwecke genutzt?«

»Es kommen Leute hierher und lassen Geschenke da«, sagte Kale Hua. »Manche lassen Whisky hier, andere einen Stein, und einmal ließ jemand eine Dose Frühstücksfleisch da. Entsprechend der Tradition entferne ich die Gaben, aber das Frühstücksfleisch habe ich gelassen, vielleicht war es ja die letzte Dose dieses Burschen.«

Er war gut über die spirituellen Praktiken an dieser Stätte informiert, und ich fragte mich, ob er irgendetwas über die Mo'o wusste. Mir fast die Zunge brechend im Bemühen, niemanden zu beleidigen, begann ich: »Ich begegne immer wieder Mo'o und anderen Ahnen. Es ist schwierig, Hawaiianer zu finden, die mit mir darüber reden, doch ich möchte sicher sein, dass ich auf dem richtigen Weg bin.«

»Die Mo'o sind Familienschutzengel«, antwortete Kale Hua. »Diese Hüter erscheinen in unterschiedlichen Formen, und in jeder Familie gibt es einen oder zwei. Sie stellen eine Verbindung mit einem Familienmitglied her und erscheinen diesem. Sie kommen nicht, um Angst zu machen oder zu erschrecken, sondern um dich wissen zu lassen, dass sie da sind, um dich zu beschützen.

Ich arbeite schon seit mehr als dreißig Jahren hier, und manchmal mache ich einen Rundgang im Hinterland. Niemand außer mir will dort hingehen; wenn ich einen Lichtschein sehe, will ich wissen, was los ist.

Einmal sah ich um Mitternacht herum dort draußen Licht. Doch als ich hinkam, war nichts zu sehen. Ungefähr drei Kilometer musste ich im Dunkeln zurücklaufen. Ich konnte spüren, dass mir etwas folgte, und schließlich sah ich, dass es eine Eule war. Als ich das am nächsten Tag meinem Vater erzählte, lächelte er.

›Was geht da vor sich, Vater?‹ fragte ich.

Er sagte: ›Ich hab dir nie erzählt, dass unsere Familie zwei Schutzengel hat – die Eule und den Hai.‹

Seit dieser Zeit«, fuhr Kale Hua fort, »weiß ich, dass immer über mich gewacht wird, und ich habe auch keine Angst, wenn ich hier des Nachts unterwegs bin. Dasselbe gilt für dich. Auf dich wird aufgepasst, die Mo'o beschützen dich.«

»Ich fühle mich auch beschützt, und aus irgendeinem Grund kommunizieren sie mit mir«, offenbarte ich ihm. »Ursprünglich dachte ich, meine Arbeit hätte mit Menschen zu tun. Dann, vor ungefähr dreißig Jahren, begegnete ich Elementarwesen, die wollten, dass ich ihre Geschichte erzähle, und jetzt treffe ich Mo'o und Ahnen, die sich dasselbe wünschen.«

»Du hast eine Gabe«, sagte Kale Hua. »Vielleicht beschützen die Mo'o dich, weil sie wollen, dass du diese Informationen an andere weitergibst. Das könnte deine Berufung sein. Hawaiianer schrieben nie etwas auf, sie überlieferten Geschichten nur mündlich. Das war ihre Art, von den Geistern ihrer Ahnen zu erzählen. Sie behielten ihre Visionen innerhalb der Familie. Das heißt nicht, dass sie heilig waren, sondern dass sie nur für ihre eigene Familie bestimmt waren.«

»Haben die Kahuna darüber gesprochen?« fragte ich.

»Es gab alle Arten von Kahuna«, antwortete Kale Hua, »doch die eine arbeitete mit Magie und diente als Verbindung zwischen der Geisterwelt und der realen.«

»Für mich war der Schleier zwischen den Welten immer dünn.«

»Da hast du Glück, denn nicht viele können das von sich sagen. Du brauchst Stärke und Mana, um mit den Geistern zu arbeiten, damit du anderen erzählen kannst, was du gesehen, gehört und erfahren hast.«

Froh darüber, dass ich einen Hawaiianer gefunden hatte, der mich so freimütig an seinen Ansichten teilhaben ließ, versuchte ich, noch mehr Klarheit zu bekommen. »Glaubst du, dass die Menehune das ursprüngliche Volk auf den Inseln waren und dass die Hawaiianer sie verdrängten, als sie hier ankamen?«

»Ich dachte immer«, sagte er, »dass das ursprüngliche Volk, die Menehune, von den Marquesas-Inseln gekommen sind (Teil der ostpolynesischen Inseln nordöstlich von Tahiti). Sie waren kleiner und sehr fleißig. Wenn sie ein Projekt verfolgten, etwa das Anlegen eines Fischteichs, dann mussten sie das in derselben Nacht fertigstellen. Bei der zweiten Zuwanderung kamen große Menschen aus Tahiti; sie brachten die Idee der Opfergaben für ihre Götter mit, und sie opferten diese kleinen Menschen, welche starke spirituelle Kräfte besaßen. Nachdem keine Menehune mehr da waren, fingen sie an, andere zu opfern.«

In diesem Augenblick unterbrachen uns weitere Besucher, die mit Kale Hua sprechen wollten; also dankte ich ihm und verabschiedete mich. Seine Worte über Familienahnen und seine Bestätigung meiner Erlebnisse waren mir ein großer Trost.

Monate nach meinem Gespräch mit Kale Hua – ich war wieder bei mir zuhause in Kanada und machte einen Spaziergang im Regen – hatte ich plötzlich eine unvermittelte Rückerinnerung an einen ganz bestimmten Teil unserer Unterhaltung. Ich hatte ihn wohl verdrängt, weil ich einen mir nicht so angenehmen Aspekt meiner selbst nicht sehen wollte. Es gibt Tiefen in unserem Unbewussten, derer wir nicht gewahr sind; sie kommen erst an die Oberfläche, wenn wir dafür bereit sind. Es war der folgende Teil unseres Gesprächs:

»Gibt es noch jemand anderen, der vielleicht etwas über die Mo'o wissen und mit dem ich sprechen könnte?« fragte ich.

»Einer meiner Freunde ist viel spiritueller als ich; er macht eine traditionelle Ausbildung, aber es geht ihm nicht gut. Deshalb weiß ich nicht, ob er mit dir sprechen würde«, sagte Kale Hua.

»Was fehlt ihm? Vielleicht kann ich helfen.«

»Er glaubt, er wurde von jemandem verflucht; er hat einen unserer Heiler gebeten, den Fluch zu entfernen, doch er wird immer kränker.«

»Wie krank ist er?« fragte ich.

»Wirklich sehr krank: Nierenversagen. Er kann nicht mehr aus dem Haus.«

In diesem Moment erkannte ich, dass ich nichts tun konnte. Ich wusste, dass es diesen Bereich gab, doch wollte ich mich nicht weiter hineinbegeben – obwohl ich großes Mitgefühl für diesen Menschen empfand. In unserer westlichen Kultur geben wir uns der Täuschung hin, es sei unmöglich, jemanden zu verfluchen, so dass er krank wird oder stirbt. Ich habe von indigenen Menschen genug gelernt, um zu wissen, dass das sehr wohl möglich ist. Auch in der modernen Welt passiert so etwas, obwohl es da nicht so offensichtlich ist. Wenn du zum Beispiel schlecht über eine Person denkst, fügst du ihr tatsächlich Schaden zu; und umgekehrt, wenn du Gutes über diese Person denkst, lässt du ihr positive Energie zukommen. Das ist die Macht der Gedanken. Jeder von uns kann das, und Menschen mit größerer Kraft können es besser als andere.

Sowohl in den westlichen als auch den indigenen Welten gibt es Machtkrieger; sie streben danach, anderen die Kraft zu stehlen. Für mich hörte es sich so an, als hätte einer von ihnen Kale Huas Freund verflucht. Ich sehe mich lieber als eine Kriegerin der Liebe und halte mich von diesem anderen Pfad fern. Doch vielleicht war das nicht immer der Fall, denn bei ein paar wenigen Gelegenheiten, als Machtkrieger mir entgegentraten, wusste ich intuitiv, wie ich mich verteidigen konnte. Vielleicht hatte Pele, die Göttin des Feuers, mir das in meinen früheren hawaiianischen Leben beigebracht. Schon bald sollte ich mehr darüber herausfinden.

BEGEGNUNG MIT PELE IM VOLCANOES-NATIONALPARK

In den hawaiianischen Mythen findet man wenige Geschichten über Mo'o, und die häufigsten erzählen davon, dass Mo'o und Pele Widersacher gewesen seien. In einer dieser Legenden sendet die Vulkangöttin Pele ihre jüngste Schwester Hi'iaka aus, um einen sterblichen Geliebten zu retten, der als Geisel von drei Mo'o in einer Höhle gefangengehalten wird. Auf ihrem Weg begegnet Hi'iaka vielen Mo'o, die von ihr besiegt und getötet werden.

Warum sind die Wasserdrachen-Mo'o und Pele in diesen Legenden Feinde? Das war mir ein Rätsel. Könnte es mit der Unvereinbarkeit der Elemente Wasser (Mo'o) und Feuer (Pele) zu tun haben? Ging es um die Konkurrenz von zwei Familiengruppen, deren Rivalität sich von ihren zwei 'Aumakua (Ahnenhütern) herleitete? Kauai, wo die Mo'o regieren, ist lange vor Big Island, der Heimat Peles, entstanden. Ging es hier also um die Eifersucht des jüngeren Kindes, das beweisen will, dass es besser ist als das ältere Kind, oder darum, dass eine neue Religion eine ältere herausfordert? Oder, weil Mo'o normalerweise weiblich sind und weibliche Ali'i oft Mo'o als Beschützer in Anspruch nehmen, war Pele, auch eine Frau, eifersüchtig?

Ich wollte verstehen, ob diese Möglichkeiten den Antagonismus in den Mythen erklärten. Peles Präsenz ist auf Big Island am stärksten, weil hier mehrere Vulkane aktiv sind. Und der Volcanoes-Nationalpark ist als der Ort mit der stärksten Verbindung zu Pele bekannt, also war klar, dass wir dort hin mussten. Außerdem hatte die Regenbogen-Deva, der ich an den geheimen Wasserfällen begegnet war, mir aufgetragen, Kontakt zu Pele aufzunehmen, und ich tat wie geheißen.

Simon und ich hatten den Park im Laufe einer Woche zweimal besucht, doch eine Einladung von Pele war nicht erfolgt. Beim dritten Besuch war es anders. Simon war zum Besucherzentrum vorausgegangen, um mehr über die geologischen Formationen zu erfahren – eines seiner Lieblingsthemen. Währenddessen schlenderte ich einen Pfad entlang, an dem kleine Erhebungen aus dem Boden ragten, aus deren Öffnungen Dampf austrat. In diesem Augenblick hörte ich Peles Ruf von tief aus dem Erdinneren:

»Komm, stell dich hierher!« befahl sie, eine Stelle neben einer der Öffnungen bezeichnend, aus der giftiger Schwefeldampf mit dem entsprechenden Geruch gespien wurde.

Diesen Platz hätte ich mir nicht ausgesucht, doch tat ich, was sie verlangte, und wartete.

»Meine Ahnin ist die Göttliche Kosmische Mutter. Also bin ich sie, und sie ist ich. Wir sind eins. Als solche bin ich urzeitlich, ich stamme aus den allerfrühesten Anfängen. Ich bin ein Aspekt der ägyptischen Göttin Sachmet, die sowohl Schöpferin als auch Zerstörerin war. Ich bin verwandt mit Kali, der indischen Göttin der Schöpfung und Zerstörung. Mein Feuer wandelt Sexualität, Spiritualität, Kreativität und die Energie, die für alles nötig ist. Frauen wie Männer beten zu mir, damit ich ihnen helfe, ihre Ziele zu erreichen; haben sie zu viel vom Element Wasser, erreichen sie nichts. Die Aufrechterhaltung des Gleichgewichts zwischen Feuer und Wasser ist der Schlüssel, um etwas erschaffen zu können und um das Erschaffene dann zu nähren. Der Dampf aus meinen Öffnungen besteht sowohl aus Feuer als auch aus Wasser.«

Sie vernahm meine unausgesprochene Frage über die Feindschaft zwischen ihr und den Mo'o und antwortete: »Die Mo'o sind meine Schwestern, und ihre Macht liegt auf Kauai. Ich könnte dort nicht leben, weil ich zu sehr Feuer bin, jedoch bin ich glücklich, dass sie sich um die Gärten und das Wasser kümmern. Die Ausrichtung meiner Energie liegt im Beginnen der Dinge. Die Energien der Mo'o werden gebraucht, um weiterzuführen. Ich erschaffe, und ich zerstöre das, was nicht länger gebraucht wird, damit die Energie wiederverwendet werden kann – zur Erschaffung von Neuem. Ich arbeite mit der Sonne und den Feuer-Elementarwesen, auch Salamander genannt, um die Erde warmzuhalten. Diese Feuer-Elementarwesen befinden sich in meinem geschmolzenen

Kern und in meiner Lava. Sie tauchen auf, wenn ich durch die Dampföffnungen ausatme, doch leben sie lieber in meiner flüssigen Lava.«

»Ich bin froh, dass du über deine positive Beziehung zu den Mo'o sprichst, denn die Geschichte über eure Feindschaft fühlte sich für mich nicht richtig an«, sagte ich. Ich wollte das Thema vertiefen.

»Die Menschen interpretieren unsere Beziehung auf der Verständnisebene, auf der sie selbst sich in ihrem Leben befinden. Wenn sie sich bewusstseinsmäßig weiterentwickeln, erhalten sie Zugang zu tieferen Ebenen der Wahrheit über uns Ahnen. Auch die Art deiner Beziehung zu mir hat sich entwickelt.«

»Das verstehe ich nicht. Mir war nicht klar, dass ich eine Beziehung zu dir habe«, antwortete ich etwas beunruhigt.

»Ich bin verantwortlich für das Kundalini-Feuer, für die Energie der Lebenskraft des Körpers. Da in deiner Jugend dein Zentralkanal ein Stück weit blockiert war, konnte mein Feuer nicht richtig zu deinem Kronenchakra aufsteigen. Das hat schließlich dazu geführt, dass du auf deiner Haut Verbrennungen zweiten Grades hattest, bis es mir gelang, die Blockaden in deinen Chakren aufzulösen. Du wirst dich erinnern, dass deine erste größere Verbrennung im Jahr 1986 genau hier auf Big Island geschah, als du ein Retreat mit dem Titel ›Schöpfungskreis‹ geleitet hast. Unbewusst hast du den Namen und das Thema des Retreats gewählt, um deine Kundalini-Energie zu wecken, und auf unbewusster Ebene hast du mich, deine Ahnin, eingeladen, genau das zu tun. Seit dieser Zeit konnte ich aktiv in deinem physischen, astralen (emotionalen) und kausalen (mentalen) Körper arbeiten. Vorher hatte sich meine Arbeit auf die subtileren Ebenen konzentriert.«

Bei ihren Worten erinnerte ich mich an die Verbrennungen und Blasen, die zehn Jahre lang immer wieder sporadisch an etlichen Stellen meines Körpers auftraten. Viele Menschen, die mich sahen, dachten, ich hätte Verbrennungen. »Discovery Channel« interviewte mich zweimal zum Thema »Überleben von spontanen Verbrennungen«. Nicht gerade die angenehmste Zeit meines Lebens...

»Doch mein Feuer hat dich, neben den Schmerzen, die es dir zugefügt hat, auch geheilt«, sagte Pele, und ihr Ton wurde weicher. »Erinnerst du dich, dass du zur Heilung deiner Verbrennungen das homöopathische Mittel ›Sulfur‹ genommen hast, das meinem Feuerelement entstammt?«

»Das Sulfur hat geholfen, doch erinnere ich mich darüber hinaus, dass ich stundenlang in der Badewanne saß, und versuchte, das Feuer zu kühlen. War das vielleicht ein Geschenk der Mo'o?« fragte ich und fühlte mich mit jeder Minute mehr zu den Mo'o hingezogen.

»Ja, das war es, so wie du auch von *mir* beschenkt wurdest. Die Mo'o und ich haben in vielen Leben mit dir gearbeitet, nicht nur in diesem. Deine Stärken liegen sowohl im Bereich von Feuer als auch von Wasser. Mit Hilfe des Feuers leitest du andere an, bahnst den Weg für neue Ideen und bewegst dich schnell. Deine Ungeduld mit dir und anderen und das Aussprechen harter Wahrheiten, ohne die Konsequenzen deiner Worte zu bedenken, sind ebenfalls Feuer. Ich fühle eine Wesensverwandtschaft mit dir wegen deines Feuers. Aber du musst dich hüten zu reden, ohne zuerst geprüft zu haben, ob deine Worte andere verbrennen können.«

Ihr strenges Urteil ging mir nah, aber ich versuchte, offen und empfänglich zu bleiben. Pele spürte das und fuhr fort: »Feuer ist das gefährlichste Element. Es geht nicht nur darum, was du persönlich ändern musst, sondern auch darum, was alle Menschen über Feuer wissen müssen.

Denk an die positive Seite des Feuers! Durch mich gebiert Mutter Erde neues Land auf Hawaii, auf Island und an anderen Orten, wo es tätige Vulkane gibt. In menschlichen Begriffen dauert es Hunderttausende von Jahren, bis auf dem Land ein Lebensraum entsteht, in dem Pflanzen und Tiere leben können, aber Feuer setzt diesen Prozess in Gang.«

»Ich hatte ein paar Jahre, um mich an den Gedanken zu gewöhnen, dass die Mo'o meine Ahnen sind«, sagte ich zu ihr, »aber es überfordert und verwirrt mich, dass auch du zu meinen Ahnen gehörst.«

Pele schickte mir ihre Gedanken und fuhr fort: »Du hast das Glück, dass auch die Mo'o deine Ahnen sind, denn das Wasser der Mo'o gleicht meine Kraft, das Feuer, aus. Von deiner Mutter hast du deine Mo'o-Ahnen und von deinem Vaters kommt meine Abstammungslinie. Dein Vater war solar, ein Mensch mit viel Eigeninitiative, sehr fokussiert. Einen großen Teil deines Lebens hast du dich bemüht, der Linie deines Vaters zu folgen, die auf Atlantis und das frühe Ägypten zurückgeht. Das ist der solare, der Weg des Feuers. Meine Gaben halfen dir, deine Ziele in der äußeren Welt zu erreichen, in Unternehmen erfolgreich zu sein. Du fühlst dich wohl damit, die Führung zu haben, du bist gut darin und hast sogar das Gefühl, sie stehe dir zu. Diese Fähigkeit hast du von mir, und sie stammt aus der Linie der Ali'i auf Hawaii.«

»Ich spüre die Wahrheit deiner Worte. Aber warum haben dann die Mo'o und nicht du in den letzten vier Jahren zu mir gesprochen?« fragte ich.

»Das ist leicht zu erklären. Du misst der weichen Yin-Natur deiner Mutter zu wenig Wert bei und betrachtest sie als Schwäche. Aus diesem Grund schätzt du ihren Beitrag zu deinem Erbe gering. Doch in deiner Arbeit als Psychotherapeutin, Seherin und Heilerin der Erde hast du das Erbe deiner Mutter aus der Mo'o-Linie sehr wohl umgesetzt. Deine Mutter war medial veranlagt, besaß die Gabe des zweiten Gesichts, wie sie in Irland sagen – wo du ebenfalls Ahnen hast. Die Stärke deiner Mutter war lunar, beruhte auf Emotionen und auf Wasser. Deine Kahuna(Schamanen)-Abstammungslinie auf Hawaii kommt von ihr. Die Mo'o nahmen Verbindung mit dir auf, um in dir die Abstammungslinie deiner Mutter wieder zum Leben zu erwecken. Diese Linie stammt aus Mu, dem alten Lemurien; das hawaiianische Volk und alle Polynesier kamen von dort. Den Hawaiianern ist sowohl der Ozean als auch 'Aina (das Land) heilig – und es ist an der Zeit, dass du beiden Ahnen gleichermaßen dienst: den Mo'o und mir.«

Ihre Worte trafen mich ins Mark. Licht schoss durch mich hindurch und legte meine Schattenbereiche bloß, doch auf eine positive Weise. Das Gefühl, frei zu sein von Einschränkungen und Konventionen, erfüllte mich. Körperliche, emotionale und gedankliche Erinnerungen zeigten sich, und es begann eine Heilung auf der Zell-Ebene. Ich erkannte, dass Pele zwar eine große Veränderung angestoßen hatte, jedoch der eigentliche Entfaltungsprozess sich in seinem Zeitmaß und auf seine Weise fortsetzen würde. Geduld war eine der Lektionen, die die Linie meiner Mutter mich lehrte.

Ich dachte über die Tatsache nach, dass ich meinen Ahnen auf Hawaii begegnet war. Warum nicht in Kanada? Ist es leichter für uns, unsere Ahnen zu treffen, wenn wir uns nicht auf heimatlichem Boden befinden?

Ich glaube es nicht. Aber vielleicht hätte ich meine Erfahrungen in meiner vertrauten Umgebung in Zweifel gezogen. Hawaii jedoch, so spirituell und ursprünglich und mit einer so starken Verbindung zu den Ahnen, machte es mir, denke ich, leichter, auf die Ahnen zu hören. Jeder hat Ahnen. Wenn wir an sie glauben, bin ich mir sicher, dass sie überall zu uns sprechen. Aber – hören wir ihnen zu? Statt an irgendwelchen Projekten zu arbeiten, hatte ich jetzt Urlaub, und vielleicht war ich deshalb zugänglicher als zu anderen Zeiten.

Pele wartete, dass sich ihre Informationen in mir verankerten. Als ich schließlich in mein Tagesbewusstsein zurückkehrte, entdeckte ich, dass ich immer noch bei den Dampföffnungen stand. Ich hatte das Bedürfnis, noch eine persönlichere Frage zu stellen – eine Frage, deren Antwort ich irgendwie schon kannte:

»Waren die Ahnen meiner zwei Abstammungslinien – der Mo'o und deiner – in der Vergangenheit Widersacher?«

»Ja, und das betrifft nicht nur deine persönliche Geschichte«, antwortete sie. »Die lunaren und solaren Energien, Yin und Yang, innere und äußere Welt, befinden sich seit eintausend oder mehr Jahren im Streit. Und die Ahnen fordern dich auf, das wieder in Ordnung zu bringen. Verzweifle nicht an der Größe dieser Aufgabe: Du reparierst einzelne Stränge des Geflechts, und von da aus setzt sich der Prozess fort. Sei dir immer darüber im klaren – was du in dir selbst heilst, heilst du im kollektiven Unbewussten der Menschheit. Alles ist miteinander verwoben.«

»Aber meine Mutter und mein Vater hatten eine wunderbare Ehe und haben nicht gestritten.« So ganz konnte ich ihre Interpretation noch immer nicht annehmen.

»Das ist nur insofern richtig, als deine Mutter sich untergeordnet hat. Wäre sie ganz in ihrer Kraft gewesen, dann hätte es durchaus Auseinandersetzungen gegeben. Das hatte mit der Zeit, in der sie großgeworden war, zu tun und damit, dass dein Vater einem Haushalt vorstand, in dem sie in einem früheren Leben eine Dienerin war. Und es hatte damit zu tun, dass die beiden in tiefer Liebe verbunden waren und sich hier inkarniert hatten, um die Muster ihrer Vorfahren zu heilen. Du sollst ihre Arbeit fortführen, mit dem Unterschied, dass du im Vollbesitz sowohl der Mo'o-Kraft als auch der meinen bist.«

Da mir unwohl war wegen der ungeheuren Verantwortung, die diese Enthüllungen mit sich brachten, ließ ich meinen Blick auf der Suche nach einem Verbündeten, nach meinem Leprechaun-Freund, umherwandern. Pele, die spürte, dass ich abgelenkt war, entließ mich mit einem Lächeln in der Stimme: »Für jetzt ist es genug. Du findest deinen irischen Freund drüben im Wald. Hier bei mir ist es ihm zu heiß.«

Ich verabschiedete mich von Pele und ging zurück zum Besucherzentrum, wo Simon gerade mit dem Studium der Ausstellungsstücke fertig war. Wir tauschten uns über unsere Erfahrungen aus, und er war genauso erpicht darauf wie ich, Peles Hinweisen zu folgen. Also fuhren wir zu einem älteren, bewaldeten Teil des Parks, wo vor Hunderten von Jahren einer ihrer Vulkane ausgebrochen war. Was für ein Kontrast zu Peles Dampföffnungen! Als wir den Weg entlangschlenderten, sahen wir moosbewachsene Felsen und Bäume voller Flechten, in denen Vögel aus voller Kehle sangen. In der kühlen Umarmung der Bäume machte ich ein paar tiefe Atemzüge, um meine Lungen von den giftigen Ausdünstungen zu reinigen, die ich auf Peles Gipfel eingeatmet hatte. Die nebelige Luft tat das ihre dazu, dass ihre Worte sich still in die Bereiche senken konnten, die sie in mir geweckt hatte. Als wir um eine Biegung kamen, sah ich Lloyd an einem großen Baum sitzen. Simon ging den Weg frohgemut weiter, um mir Zeit zu geben, mich mit meinem irischen Freund auszutauschen, den er Leppie nennt.

»Du hast also eine Umgebung gefunden, die deinem irischen Blut besser bekommt?« neckte ich ihn, und wollte damit Peles Enthüllungen die Schwere nehmen.

»Auf jeden Fall. Mich wirst du nie in der Nähe dieses Schwefelgeruchs und der Hitze finden. Ist überhaupt nicht gesund.«

»Ich hätte gedacht, du würdest Pele treffen wollen?«

»Kauai ist mehr nach meinem Geschmack. Wasser, Wasser, Wasser – das ist es, was ich brauche. Mit diesem ganzen Feuer hier auf Big Island komme ich nicht gut zurecht. Es passt nicht so gut zu meiner Frequenz. Deshalb bin ich hier unten, wo es schön und kühl ist – und von hier aus kann ich Pele ganz entspannt treffen. Und überhaupt, schließlich musste sie dich und nicht mich sehen.«

Lloyd sprach mit ungewohntem Feingefühl; mir war klar, dass er ganz genau wusste, was bei Pele herausgekommen war und welch große Bedeutung es für mich hatte.

»Die Lehrer der Mo'okane und Menehune haben auch mich beeinflusst«, vertraute er mir an, bevor er hinzufügte, »und auch die Ahnen.«

»Welche Art Ahnen arbeiten mit dir?« fragte ich, begierig, mehr über seine Erlebnisse zu erfahren.

»Viele Arten. Jahrzehntelang arbeitete ich mit den Alten, den Ahnen der Elementarwesen. Dann gibt es menschliche Ahnen, die ebenfalls in unser Reich kommen. Du bist eine von ihnen, auch wenn du dich im Moment in einem physischen Körper befindest. Dann gibt es noch andere, die keine physische Form besitzen.«

Mitten in unserem Gespräch manifestierte sich unerwartet eine Gruppe seltsamer Mo'okane. Lloyd sprang auf die Füße, um ihnen Respekt zu erweisen, und schien ausnahmsweise auch einmal überrascht worden zu sein.

»Wir haben deinen Leprechaun-Freund nicht von unserem Kommen unterrichtet, deshalb hat er uns nicht erwartet«, sprach ein älterer Mo'okane mich an.

Er hatte keine Ähnlichkeit mit all den Mo'okane, die ich bisher auf Kauai getroffen hatte. Obwohl sein Körper dem der anderen ähnelte, erschien er eher formlos, nicht so fest. Er verschmolz fast mit dem Nebeldunst, von dem die Gruppe umgeben war. Gleichzeitig gab es innerhalb des Nebels ein eindeutig rotes Glühen.

»Du bist wohl überrascht, mich auf Peles Abhängen zu treffen. Doch wir leben überall, nicht nur auf Kauai, und unser Stamm hat sich besonders gut an das Leben hier angepasst. Wir freuen uns sehr, euch beide hier zu begrüßen. Wir sind gekommen, um euch etwas über unsere Aufgabe zu berichten. Wir erzeugen den Dunst, der Peles Feuer begleitet. Diejenigen von uns, die sich dieser Aufgabe widmen, steigen in Peles Krater hinunter und vermischen die Lava mit Luft, damit Nebel entsteht. Der Nebel bringt Feuchtigkeit in die ganze Gegend, und so können gesunde Bäume und Blumen wachsen, und das erzeugt wieder mehr Niederschlag. Wir tun diese Arbeit in Harmonie mit unseren Brüdern und Schwestern, den Feuer-Elementarwesen.«

»Ihr nennt euch selbst Mo'o. Doch ihr seht den Mo'okane sehr viel ähnlicher. Welche von den beiden seid ihr?« fragte ich, um Klarheit bemüht.

»Wir sind beide und keine«, antwortete er sehr unklar.

Als er meine Verwirrung bemerkte, erklärte der Älteste: »Um uns zu verstehen, musst du die Lektion lernen, die wir auch den Hawaiianern beigebracht haben, nämlich, dass alles in der Natur lebendig ist, *unabhängig von der Form*, die es gewählt hat. So ist zum Beispiel der alte Baum, unter dem dein Leprechaun-Freund saß, ein fühlendes Wesen in Baumgestalt. Hawaiianer, anders als Haole, müssen einen Baum nicht mit menschlichem Gesicht sehen, um zu wissen, dass er bewusst ist. Dennoch, je stärker das Wesen, um so besser kann es sich in verschiedenen Körpern manifestieren. Infolgedessen können einige Geistwesen, wie die Mo'o oder Pele, eine menschliche Form annehmen. Egal, ob du uns Mo'o oder Mo'okane nennst, wir sind alle Aspekte der Mo'o und aller Ahnen. Solche Unterscheidungen sind nur für Menschen auf der physischen Ebene wichtig. Auf der astralen Ebene, auf der wir leben, ändern wir unsere Gestalt wie wir wollen; und Menschen, die auf den astralen Ebenen bewusst sind, können dies ebenfalls. Die meisten Menschen erschaffen sich zum Beispiel, wenn sie sterben, einen jüngeren Körper als den, den sie zum Zeitpunkt ihres Todes hatten. Ich hoffe, du kannst den Unterschied verstehen, jetzt, da wir es erklärt haben?«

»Das meiste, was du gesagt hast, verstehe ich, aber die Vorstellung von Ahnen als solche muss sich in mir erst noch entwickeln und kann eine Nicht-Hawaiianerin verwirren«, antwortete ich.

»Die meisten indigenen Völker glauben an Ahnen, nur ihr Haole habt uns vergessen. Ahnen wie Pele und Mo'o sind wie eure ›Heiligen‹. Die Hawaiianer beten zu uns und wissen, dass wir ihre Gebete hören und dass wir beim Göttlichen Fürsprache für sie einlegen.

Einige von uns Mo'o kennt man aus der Geschichte, etwa unsere berühmte Mo'o-Göttin Kihawahine«, sagte der Mo'o stolz. »Sie heiratete einen hawaiianischen Häuptling, und seit dieser Zeit hat sich ihre Linie mit der hawaiianischen königlichen Linie vermischt. Kihawahines Einfluss war so bedeutend, dass König Kamehameha der Große eine zehnjährige Prinzessin mit Namen Keopuolani heiratete, um die heilige Abstammungslinie des Mädchens weiterzuvererben; und danach eroberte er in Kihawahines Namen die hawaiianischen Inseln. Selbst heute noch führt der Drachenclan auf Molokai seine Abstammung bis auf sie zurück; ihr Einfluss gehört also nicht der Vergangenheit an.«

Ich wollte mir gerade dazu gratulieren, seine letzten Punkte verstanden zu haben, als er eine Idee ausführte, die meinem westlichen Verstand vollkommen fremd war: »Noch etwas«, sagte er, »Menschen mit einem starken Mana können nicht nur zu *einem* Ahnen, sondern zu *diesem* Ahnen werden.«

»Wie genau soll das funktionieren?« Wieder einmal tappte ich im Dunkeln.

»Wenn du aus einer westlichen Tradition kommst, sagst du vielleicht, dass Mutter Maria die Göttliche Mutter *ist* – das große kosmische Wesen, das alle Formen in unserem Universum erschafft. Oder als Hindu kann es sein, dass du denkst, die Göttin Kali *ist* die Göttliche Mutter«, antwortete er betont geduldig.

»Ich glaube, ich weiß, was du meinst. Es ist ungefähr so, wie wenn Jesus sagt – als er Bezug nimmt auf seine Beziehung zu Gott, dem letztendlichen Ahnen: ›Mein Vater und ich sind eins.‹ Das bedeutet, während wir uns spirituell weiterentwickeln, vereint sich unsere Persönlichkeit immer mehr mit den großen spirituellen Wesen (gottgleichen Ahnen), die über unsere Evolution wachen. Somit kann Jesus ein Christus sein, und Krishna kann ein Christus sein und letztendlich – wenn alles gut läuft – können auch du und ich das sein.«

»Ja, das ist die Idee dahinter«, antwortete der Mo'o. »In unserer hawaiianischen Tradition wird Kaili'ohe Kame'ekua, die die *Tales of the Night Rainbow* niederschrieb – die beste Quelle für Mo'o-Mythen – tatsächlich selbst zur Mo'o-Ahnin Kihawahine.«

»Ich weiß es sehr zu würdigen, dass du dir die Zeit nimmst, mir das alles zu erklären. Theoretisch, wenn auch noch nicht praktisch, verstehe ich jetzt, wer die Ahnen und wie wichtig sie für jeden sind. Ich spüre, dass sie dabei sind, etwas in mir zu wecken, damit ich die Realität, von der du sprichst, wirklich *wissen* und *leben* kann. Und da ist noch eine Frage, die ich vergessen habe, Pele zu stellen.«

Als Lloyd das hörte, verdrehte er die Augen. Unbeirrt fuhr ich fort: »Geschichten über Pele berichten, dass sie eine Feindin der Mo'o war und diese getötet hat, aber in den alten Traditionen war der König der Mo'o ihr Onkel.«

»Wenn Hawaiianer die Worte ›Tante‹ oder ›Onkel‹ verwenden, ist das ein respektvoller Ausdruck für ihre Älteren«, erklärte der Mo'o. »Wenn also die Mo'o ›Onkel‹ genannt werden, heißt das, dass die Mo'o vor Pele da waren und dass sie von ihr respektiert wurden. Obwohl wir auf der Erde leben, die von Pele geschaffen wurde, gab es vor der Erde doch das Wasser, also waren die Mo'o vor ihr da.

Weil wir uns auf einer pazifischen Insel befinden, wo Wasser das vorherrschende Element ist, entschieden sich die Mo'o-Ahnen für die Herrschaft über das Element Wasser statt über Feuer oder Luft, wie andere Drachen es taten. Doch wir Mo'o auf Big Island arbeiten mit dem feurigen Teil unseres Wesens. Weil die Abstammungslinie deiner vergangenen Leben durch die Kahuna zurück zu den Mo'o und den Ali'i bis zu Pele führt, haben beide von uns dich erwählt, um dir unsere Geschichte zu erzählen.«

Mit diesen letzten Worten verschwanden er und die gesamte Gruppe der Ahnen. Ganz von meinem Gespräch mit dem Ältesten in Anspruch genommen, hatte ich Lloyd nicht beachtet und war jetzt erstaunt, dass er überhaupt nichts gesagt hatte.

»Wenn eine Gruppe der Ahnen beschließt, mit dir zu sprechen, bin ich ruhig. Warum glaubst du wohl, bin ich so schnell aufgestanden? Aber jetzt, da du fragst«, (ich hatte nicht gefragt) »möchte ich dir etwas erzählen, das dich vielleicht interessiert. Hast du gewusst, dass das Wort ›Mo'o‹ ›Abstammungslinie‹ *und* ›Wirbelsäule‹ bedeutet?«

»Oh, interessant! Erzähl mehr.«

»Hast du die Hawaiianer sagen hören, dass sie gerne ›Geschichte erzählen‹? Das Erzählen ihrer Geschichte ist sehr wichtig für sie. Im Hawaiianischen wird eine Geschichte *Mo'olelo* genannt, eine Folge von Worten, ineinandergreifend wie die Wirbel der Wirbelsäule. Du erkennst also allmählich, wie wichtig die Abstammungslinie für Hawaiianer ist. Nun, auch das Wort ›Genealogie‹ oder *Mo'oku'auhau* beschreibt die ineinandergreifenden Wirbel der Wirbelsäule einer Mo'o.«

Vor Stolz strahlend, dass er dieses neue Wissen mit »dem Menschen« teilen konnte, verschwand er. Obwohl immer wieder neue Informationen auftauchten, hatte ich durch meine Gespräche mit Pele und den Mo'o langsam das Gefühl, einen Überblick über das Puzzle zu bekommen, das ich zusammensetzen sollte. Glücklicherweise sollte ich bald einen Lehrer treffen, der Licht in einige der dunkel gebliebenen Bereiche bringen konnte.

SERGE KAHILI KING, HUNA-LEHRER

Meine erste Begegnung mit Serge Kahili King hatte ich im Jahr 1986. Keiner von uns kann sich erinnern, wie wir uns kennengelernt haben, aber wir kannten beide Sun Bear, der eine Zeremonie der Native Americans auf Big Island leitete, wo ich einen Kurs gab; wahrscheinlich war es dort. Die

Bücher und Lehren über hawaiianisches Huna von Serge sind international anerkannt, und ich freute mich darauf, ihn wieder einmal zu sehen.

Seit seinem vierzehnten Lebensjahr, als sein Vater mit seiner Ausbildung begann, lernte Serge viel über die hawaiianische Kultur und ihre spirituellen Weisheiten. Ein Hawaiianer, Joseph Kahili, hatte Serges Vater adoptiert und ihn in diesem Wissen ausgebildet. Interessanterweise beschloss Serges Vater, zwar Serge, nicht aber seine Geschwister in der Entwicklung von Huna-Kräften zu unterrichten. Ihm wurde beigebracht, mit Pflanzen und Tieren zu kommunizieren, auf mentaler Ebene Schach zu spielen und sich mit anderen Spielen zu beschäftigen.

Als sein Vater starb, verließ Serge im Alter von 17 Jahren für kurze Zeit den spirituellen Weg und zog nach Kalifornien. Doch das Leben ohne tiefere Bedeutung enttäuschte ihn, und als er die Kahili-Familie wiedertraf, widmete er sich erneut den Huna-Studien. Joseph adoptierte Serge als seinen Enkel und übergab Serges Ausbildung an seinen Sohn und seine Tochter. Da jede hawaiianische Familie ihre eigenen Ahnen und spirituellen Lehren hat, wurzeln Serges Lehren in der Kahili-Tradition; deren Ahnenhüter sind Delphin und Eule.

Gegen Ende meiner Zeit auf Big Island gingen Simon und ich zu Serge, weil wir hofften, mit ihm über die Informationen sprechen zu können, die uns zuteil geworden waren. Ich wollte meine Erfahrungen durch einen sehr anerkannten Huna-Lehrer überprüfen lassen. Wir plauderten über die vergangenen dreißig Jahre unseres Lebens, aber dann wollte ich endlich auf meine Erlebnisse zu sprechen kommen.

»Reden wir zuerst einmal von den Menehune«, sagte Serge. »Das Wort ›Menehune‹ hat eine doppelte Bedeutung, im Tahitianischen ist die Entsprechung *Manahune*. Es bedeutet ›Menschen der geheimen Kraft‹, weil Mana ›Kraft‹ bedeutet. Das Wort wurde von den Tahitianern auch in der Bedeutung ›Menschen der geringen Kraft‹ oder gewöhnliche Leute verwendet, denn *Hune* bedeutet ›etwas Kleines‹ und auch ›arm‹. Huna kann auch etwas sehr Unbestimmtes – wie Nebel – bedeuten, etwas, das schwer zu fassen ist. Diese letzte Definition für Huna bezieht sich auf esoterisches Wissen; die Menehune waren bekannt für dieses Wissen.

In den ältesten Gesängen heißt es, dass es zu der Zeit, als die Polynesier nach Hawaii kamen, dort drei Gruppen von Menehune gab. Die erste waren die *Nawa*, was ›die Lauten‹ bedeutet. Geschichten über Menehune berichten davon, dass sie sehr laut waren. Als sie zum Beispiel mit dem Bau eines Tempels auf Kauai, oben auf dem Gipfel in Kokee, fertig waren, schrien sie so laut, dass sie selbst noch die Vögel auf der Nachbarinsel Oahu erschreckten. Die Menehune wurden auch ›Bananenesser‹ genannt, da Bananen ihre vorrangige Kohlenhydratquelle waren. Vielleicht waren sie auch kleiner, weil sie kein Fleisch aßen, aber in den alten Gesängen ist davon keine Rede.

Die zweite Gruppe waren die *Nawao* und *Wao*, das ist das Wort für ›Wildnis‹ – sie waren Riesen, die in der Wildnis lebten. Die dritte Gruppe waren die *Namu;* das Wort bedeutet ›die Stillen‹. Die Namu waren diejenigen, die esoterisches Wissens besaßen und Telepathie nutzten. Es gibt viele Geschichten darüber, wie die Polynesier bei ihrer Ankunft alle drei Menehune-Völker in die Berge und in abgelegene Gebiete abdrängten. Später, als die Westler nach Hawaii kamen, konnten sie die Geschichten über die verschiedenen Menehune-Gruppen nicht begreifen. Also änderte man die hawaiianische Überlieferung in die Geschichte über die kleinen Leute und machte die Menehune zu so etwas wie Leprechauns.

Selbst heute noch behaupten manche Menschen auf Hawaii, dass ihre Vorfahren Menehune waren. Manche dieser Ahnen waren kleine Menschen und andere waren Riesen. Hawaiianer sind kein homogenes Volk. Es gibt viele Gruppen, die zu unterschiedlichen Zeiten mit verschiedenen Traditionen hierher kamen, deshalb haben sie es schwer, sich auf irgendetwas zu einigen. Es gibt keine großen Clans oder Stämme. Es sind Familiengruppen, was in der Politik zu Problemen führen kann.«

Serges Bericht ergänzte die Darstellung, die ich von Barry Brailsford erhalten hatte, einem Kulturanthropologen, der über die *Waitaha* von Neuseeland geschrieben hat. Ich sagte zu Serge: »Laut den Waitaha waren sie das ursprüngliche Volk von Neuseeland. Als die Maori kamen, gingen die Waitaha in den Untergrund, um nicht verfolgt und getötet zu werden. Sie hielten ihre Traditionen 700 Jahre lang geheim und haben erst in den letzten paar Jahrzehnten Barry gebeten, ihre Geschichte zu erzählen. Bei den Waitaha gibt es, wie bei den Menehune, drei Gruppen: eine polynesische, eine gelbhäutige mit Mandelaugen und diejenigen, welche das Feenvolk genannt werden, mit rötlichem Haar, Sommersprossen und heller Haut.«

»Wenn wir gerade von rotem Haar sprechen«, meinte Serge, »in der hawaiianischen Tradition wird dieses Merkmal *Ehu* genannt. Diese Menschen wurden hoch geschätzt, man hielt sie für etwas ganz Besonderes; Kamehameha der Große hatte angeblich rötliches Haar. Die Hawaiianer glauben, dass diese rothaarigen Menschen entweder von den Sternen kamen oder schon immer in Polynesien waren. Meine Familie lehrt, dass zu der Zeit, als unser Volk von den Sternen kam, schon Menschen hier lebten.«

»Zu diesem Gebiet könnte doch das alte Lemurien gehören?« fragte ich. »Könnten alle polynesischen und vor-polynesischen Menschen von dort gekommen sein?«

»Ja, ich verwende das Wort *Mu* für Lemurien«, antwortete er.

»Was du über die drei Gruppen von Menehune gesagt hast, ist sehr hilfreich, da es mit den unterschiedlichen Arten übereinstimmt, die ich getroffen habe. Könntest du mir erzählen, was du über die Mo'o weißt?«

»Niemand hat eingehendere Studien über die Mo'o betrieben. Das Wort selbst bedeutet ›Echse‹, aber es galt auch für eine Familiengruppe von Menschen. Auf Hawaii ist jede Familie auf eine bestimmte Fertigkeit spezialisiert. Auf den Osterinseln war es das Volk der Mo'o, das die großen Kopfskulpturen erschuf. Im alten Hawaii waren sie als Magier und Zauberer wohlbekannt; aber denk daran, dass die Missionare alles Zauberei nannten, was spirituell war und sich außerhalb des Christentums bewegte. Die Legenden über Pele waren voller Konflikte zwischen den Pele- und den Mo'o-Familien, weil die Pele-Anhänger ebenfalls Magie und Zauberei beherrschten.«

Ich war erstaunt zu hören, dass Pele über ähnliche spirituelle Gaben verfügte wie die Mo'o. Das bedeutete, dass ich meine spirituellen Fähigkeiten nicht nur von meiner Mutter, sondern auch aus der Linie meines

Vaters geerbt hatte. Ein doppelter Schlag. Offensichtlich wollte Pele, dass ich das von jemand anderem als ihr selbst erfuhr... einem Menschen, dessen Autorität ich vertrauen würde.

Serge fuhr fort: »In den älteren Legenden wird Pele nicht erwähnt, und in den Pele-Legenden gibt es über die meisten Menehune oder über andere Götter keine Geschichten, außer über Lono, den Gott des Regens und der Fruchtbarkeit. In der Geschichte war Lono der Onkel von Pele, was darauf hindeutet, dass es ihn vor ihr gab. Also wissen wir, dass Pele nicht so alt ist wie die Mo'o.

Ursprünglich kam Pele von Kahiki, was wörtlich ›außer Sichtweite‹, ›jenseits des Horizonts‹ bedeutet. Das hawaiianische Wort für Tahiti ist ebenfalls *Kahiki*, und auf Tahitianisch bedeutet das Wort Kahiki ›transformieren‹. In der hawaiianischen Sprache gibt es fünf Kahiki – das sind aufsteigende Ebenen vom Horizont (Kahiki) aus, bis man im äußeren Weltraum ist. Wenn man also in den Legenden das Wort ›Kahiki‹ hört, könnte es den äußeren Weltraum oder eine andere Inselgruppe bedeuten. Man kann es nicht eindeutig festlegen, aber Götter und Göttinnen kamen normalerweise von Kahiki. Manchmal wurde Kauai ›Kahiki‹ genannt, weil es die spirituellste Insel ist und auch, weil sie am weitesten von Big Island entfernt liegt.«

»Die Tatsache, dass hawaiianische Wörter so viele verschiedene Bedeutungen haben, ist für mich am schwierigsten zu verstehen«, erklärte ich Serge. »Du kannst nichts eindeutig festlegen, und wenn du es versuchst, bewegen sich die Worte in eine andere Richtung.«

Serge lächelte; er verstand, was ich meinte.

»Hawaiianer denken nicht chronologisch; sie hatten keine Aufzeichnungen mit Jahreszahlen«, sagte er. »Bis 1778, als Cook kam, kannte man kein Datum. Hawaiianer zeichneten ihren Stammbaum in ihren Gesängen auf. Im Hawaiianischen war es nicht wichtig, eine historische Aufzeichnung zu haben, sondern die Abstammungslinie abzubilden, die vertikal ist, nicht horizontal wie im Westen. In der hawaiianischen Sprache gibt es keine Vergangenheits- oder Zukunftsform. Alles bezieht sich auf den gegenwärtigen Moment. Sprechen Hawaiianer von der Vergangenheit, dann sagen sie ›Von diesem Moment aus gesehen ist mein Ausflug letzte Woche nach Kona vorbei.‹ Das bedeutet, dass in der hawaiianischen Sprechweise vergangene Ereignisse nur in Bezug zum gegenwärtigen Moment existieren.«

»Über die letzten Jahre ist die Erkenntnis, dass die Ahnen immerfort gegenwärtig sind, in mir gewachsen«, begann ich. »Das unterscheidet sich sehr vom westlichen Denken, wo wir an Ahnen nur in der Vergangenheit denken, was ihren Einfluss auf unser Leben stark beschränkt. Sehen wir die Ahnen in der Gegenwart, wie es die meisten indigenen Kulturen tun, vergrößert das ihre Bedeutung in unserem Leben, und dann sind wir ihnen gegenüber auch verantwortlich.«

Da Serge Psychologe ist, wusste ich, er würde meine nächsten Punkte nachvollziehen können. »Ich habe überlegt, wie die Ahnen für Menschen im Westen wieder größere Bedeutung erlangen können. Mir ist klar geworden, dass die Vorstellung von Ahnen sehr gut zu meiner Arbeit mit dem Körperelementarwesen und dem Unbewussten passt. Unser Körperelementarwesen (man könnte es auch die Körperseele oder den ätherischen Körper nennen) baut unseren Körper in jedem Leben auf; dabei integriert es Informationen aus unseren physischen, astralen, kausalen und spirituellen Erfahrungen aus anderen Leben. Beispielsweise durch Psychotherapie und Trauma-Arbeit können wir Zugang zu diesen Mustern bekommen, um vergangene und gegenwärtige Traumata zu heilen und unser wahres Selbst freizulegen und so auf unsere Stärken zugreifen und unseren Lebenszweck erfüllen zu können. Ich denke, dass das Körperelementarwesen, das den meisten Menschen weitgehend unbewusst ist, in der ewigen Gegenwart lebt und mit unseren Ahnen in Verbindung steht.«

Serge hörte aufmerksam zu, gespannt darauf, wo diese Idee hinführen würde.

»Da Hawaiianer ihre Geschichten nur mündlich und nur von ihrer eigenen Familie erzählt bekommen«, fuhr ich fort, »vergisst – wenn die Eltern ihren Kindern die Geschichten nicht weitergeben – die Familie nicht nur die Geschichten, sondern sie verliert auch die Verbindung mit ihren Ahnen und kann sich nicht an sie wenden. Die Überlieferungen sind eine Brücke zwischen der physischen und der astralen Welt, und wenn die Menschen die Geschichten aus ihrer Abstammungslinie nicht kennen, ist die Verbindung zerbrochen.«

Traurig über den noch viel tiefergehenden Bruch bei Nicht-Hawaiianer fügte ich hinzu: »In der westlichen Kultur haben wir unsere Verbindung zu unseren Ahnen gänzlich verloren, weil wir unsere Überlieferungen nicht kennen.«

Da Serge mir im Gespräch über die Ahnen eine so große Hilfe war, überlegte ich, ob er vielleicht auch etwas über Elementargeister wusste. Ich fragte: »Werden in der hawaiianischen Tradition irgendwo Elementarwesen erwähnt? In England und Deutschland haben wir zum Beispiel die Heinzelmännchen und die Elfen.«

»Ja, das haben wir auch. Wir haben die *Peke* und *Epa'a*, unterschiedliche Arten von Geistern mit verschiedenen Charakteren. *Kino Lau* bedeutet ›viele Körper‹; alle starken Geister und Götter besitzen viele Körper. Pele zum Beispiel war der Geist in der geschmolzenen Lava, und zu ihren verschiedenen Formen gehören eine alte, eine reife oder eine junge Frau, doch sie konnte auch als weißer Hund, als Feuer, Lava, Wind, Wolken, Donner und Blitz erscheinen. Sie wurde außerdem mit der *'Ohelo*-Pflanze in Zusammenhang gebracht, die an den Abhängen von Vulkanen wächst. In der hawaiianischen Tradition gibt es nichts Übernatürliches; es gibt das Sichtbare und das Unsichtbare, aber alles ist Natur. Im Hawaiianischen sehen wir ein Feuer-Elementarwesen nicht so sehr als eine Flamme, sondern mehr als eine der Gestalten der Göttin Pele. Einer ihrer Liebhaber war ein pan-gleicher Gott der Wildnis.«

Als Nebenbemerkung fügte Serge hinzu: »Die Kahili-Familie hat keine der Göttinnen verehrt, sondern hat sie als Freunde gerufen, damit sie bestimmte Qualitäten, Aspekte oder Heilkräfte weckten.«

»In einem meiner Bücher, *Nicht ganz von dieser Welt,* schreibe ich von zweiundzwanzig verschiedenen Ahnen, von denen Menschen abstammen können, etwa Elementarwesen, Delphine, Engel, Riesen und Drachen. Es gibt sogar einen Pan-Hybriden, der der Gott der Wildnis und der Vorfahr der Elementarwesen ist. Das ist dasselbe, wie wenn Hawaiianer davon sprechen, dass sie von Menehune oder Mo'o abstammen.«

»Das ist sehr interessant«, warf Serge ein, »in Hawaii haben wir auch viele Hai-Menschen.«

»Oh je! Hai-Menschen habe ich nicht mit aufgenommen«, antwortete ich.

Serge fuhr fort: »Im Zusammenhang mit Hai-Menschen habe ich etwas Interessantes entdeckt. Ich schrieb einen Artikel mit dem Titel *Delphingeschichten von Hawaii* – und doch gibt es selbst in den ältesten Legendenbüchern keine Geschichten über Delphine. Das machte mich stutzig, weil Delphine Teil meines Familienerbes sind. Dann las ich etwas über südpazifische Legenden, und in einer davon gab es eine Göttin mit Namen *Ena*, die zwei Haie zu sich rief, damit sie auf ihrem Rücken zu einer anderen Insel reiten konnte. Da die Haie nicht schnell genug schwammen, schlug sie ihnen auf die Stirn, und in der Legende hieß es dann: ›Selbst heute noch haben alle Haie Höcker auf der Stirn.‹ In Wirklichkeit haben Haie keine Höcker auf der Stirn, wohl aber Delphine. Und Haie lassen auch keine Menschen auf sich reiten, Delphine aber schon.

Das Problem war die Übersetzung. Das Wort, das im Hawaiianischen für Hai benutzt wird, war *Mano*, doch das ist ein Gattungsbegriff für Tiere, die Zähne haben, in der Brandung schwimmen, eine hohe Rückenflosse haben und lebend gebären. Mit anderen Worten: Delphine und Haie. In den Geschichten über Haie finden wir das Delphinverhalten, etwa das Retten von Menschen, die ins Wasser gefallen sind, und das Schwimmen zu Menschen in Booten, um gestreichelt zu werden, und das Freundschaftschließen mit Menschen. Offensichtlich haben die Übersetzer da etwas nicht ganz richtig übertragen.«

Ich war froh zu hören, dass ich keine Hybridart übersehen hatte und dass es wirklich einen Delphin-Ahn gab. An diesem Punkt kam unser Gespräch zu einem natürlichen Ende, denn unser Magen drängte uns zum Mittagessen. Serge und die Ahnen hatten die meisten meiner Fragen beantwortet, und jetzt brauchte ich Zeit, damit die Samen, die in Hawaii gesät worden waren, aufgehen und Früchte tragen konnten.

LEKTIONEN AUS HAWAII

Im Laufe der folgenden Monate in Kanada setzte sich der mich verwandelnde Reifungsprozess, der auf Hawaii begonnen hatte, fort. Ich spürte, wie die Teile des Puzzles ihren Platz fanden, jedoch auf einer Ebene, die ich nicht in Worte fassen konnte. Die dringendsten Fragen hatten mit den Ahnen zu tun… wer sie waren – in all ihren Aspekten – und ihre Rolle im Leben nicht nur der Hawaiianer, sondern aller Menschen. Eine Freundin von mir ist Jungianische Psychologin, und besonders ein Gespräch mit ihr half mir, meine Einsichten in Worte zu fassen.

»Da für dich die Türen zu anderen Ebenen immer offen waren«, sagte Honor, »hast du nicht nur *ein* System gefunden – etwa Elementarwesen oder Hybriden – und dann gesagt: ›Das war's!‹ Die unterschiedlichen Namen sind einfach eine Manifestation dessen, was du siehst, während du diese erstaunlichen astralen Erlebnisse hast.

Eines der Probleme von uns Menschen ist, dass wir alles konkret erfassen wollen. Wir müssen erkennen, dass Wesen Manifestationen von Energie sind, eher etwas Seiendes als etwas Dinghaftes. Je nachdem, welcher kulturellen Tradition wir angehören, versuchen wir, diese Energie in Bilder eben dieser Kultur zu kleiden, aber da wird es statisch. Wir müssen die Bildwerke niederreißen und die Statuen zerschmettern, immer und immer wieder, damit wir in Kontakt bleiben mit dem, was auf einer astralen oder spirituellen *Erfahrungs*ebene passiert.«

»Ich habe viel darüber nachgedacht, wie ich es in Worte fassen kann, wer die Ahnen sind und welche Bedeutung sie heute für uns haben«, sagte ich.

»Es kann allein schon hilfreich sein, wenn du diese Idee in deine unterschiedlichen Handlungsstränge einbindest. Es spielt wirklich keine Rolle, auf welche Weise jeder einzelne das verinnerlicht oder es in sein Leben integriert; ob jemand denkt, dass eine Ahnin ein tatsächliches Wesen ist wie Maria (die Mutter Jesu), die gelebt hat, oder ob jemand erkennt, dass Maria ein Archetyp ist, die Erfahrung einer göttlichen Verbindung.

Auf der subatomaren Ebene geht es einfach nur um Energie«, sagte Honor. »C. G. Jung hatte ein interessantes Konzept. Er sprach davon, dass *ein* Ende des Archetyps Materie ist und *das andere* Ende Geist, und dass beide vielleicht Manifestationen derselben Sache sind. Menschen müssen Dinge greifen und festhalten können und ihre sinnliche Erfahrung machen.«

Ich fand Honors Darlegungen hilfreich. »Da stimme ich dir zu. Ich habe das Gefühl, meine Arbeit mit Elementarwesen, Hybriden und jetzt den Ahnen öffnet Türen in die astrale Welt. Aber es fühlt sich immer noch wie Stückwerk an, nicht wie ein Ganzes.«

»Es sind alles einzelne Stränge des Mysteriums«, sagte Honor. »Nicht einmal im Ansatz können wir das gesamte Mysterium dessen, was das Göttliche ist, erfassen. Deshalb ergreifen wir kleine Stränge und geben ihnen Namen und eine Form, damit wir wenigstens ein Stück verstehen, denn wir leben in der Form, in der Materie.«

»Es ist wie bei einer Zwiebel«, antwortete ich. »Unser ganzes Leben hindurch schälen wir eine Lage des Verstehens nach der anderen ab. Erhaschen wir einen ersten flüchtigen Blick, können wir das Gesehene mental schwer erfassen. Wir haben das Gefühl, wir hätten einen Schritt in ein neues Land getan. Aber es ist schwierig für uns zu erkennen, was dieses neue Land ist, weil wir es nur wie durch einen Nebel sehen. Ein Zurück in das alte Land gibt es nicht, und es wird eine ganze Weile dauern – ob Wochen oder Jahre oder ein Leben lang –, bis wir uns in der neuen Realität zurechtfinden.«

Mein Gespräch mit Honor half mir, mich davon zu lösen, meine Erfahrungen definieren zu wollen. Ich versprach zu schreiben, was geschehen war, so wie die Ahnen und andere mich gebeten hatten – und was den gesamten Prozess betraf, beschloss ich, ihnen zu vertrauen. Mein Leprechaun-Freund war auffällig abwesend während dieser Zeit und nicht einmal Tassen voller Tee vermochten ihn herbeizulocken. Schließlich, an einem regnerischen Sonntagmorgen, tauchte er plötzlich auf: Den Blick durch das Fenster aufs Meer gerichtet, saß er da in seinem Lieblingsstuhl. Inzwischen trug er keine hawaiianische Kleidung mehr, sondern hatte sich warm eingepackt für einen frühen kanadischen Frühling.

»Hast du mich vermisst?« grinste er und griff nach dem Tee.

»Ich weiß, dass du damit beschäftigt bist, die Menehune und Mo'o mit menschlichen Partnern zu versorgen; also übe ich mich in Geduld«, antwortete ich.

»Das weiß ich sehr zu schätzen. Doch jetzt bin ich hier, um Licht auf deine noch offenen Fragen zu werfen.«

»In diesem Stadium geht es nicht so sehr um Fragen. Es geht mehr darum, dass ich gerne meine Ideen mit dir durchgehen würde, um zu sehen, ob sie mit deinen Erkenntnissen übereinstimmen.«

»Nur zu.«

»Ursprünglich hatte ich versucht, meine Begegnungen mit den Menehune, den Mo'okane und den Ahnen durch verstandesmäßige »Filter« laufen zu lassen, und zwar auf der Grundlage dessen, was ich bisher wusste – aber nichts passte zusammen. Das brachte mich dazu, diese Filter wegzulassen, einen nach dem anderen. Oh, natürlich habe ich wahrscheinlich immer noch Filter, aber jetzt sind sie voller Löcher.«

Der Leprechaun blieb vollkommen ruhig, ohne mir einen Hinweis zu geben, ob ich auf der richtigen Fährte war. Unbeirrt fuhr ich fort: »Fangen wir mit den Menehune an. Das erste Mal, als ich Menehune traf, dachte ich, sie wären Elementarwesen; das glaubt auch die Mehrheit der Hawaiianer. Dann erzählten sie mir, dass sie die ursprünglichen Bewohner Hawaiis sind und dass sogar noch heute manche Menschen behaupten, sie würden von ihnen abstammen. Jetzt erkenne ich, dass in beiden Betrachtungen eine Wahrheit liegt, dass auf die Menehune jedoch keine dieser Definitionen allein zutrifft. Wenn ich versuche, *eine* richtige Antwort zu finden, wird es verworren. Ich habe akzeptiert, dass sie eine eigene Art Wesen sind und nicht mit irgendeiner anderen Art in einen Topf geworfen werden müssen.«

»Und was ist mit den Mo'okane?« fragte er in neutralem Ton.

»Da ist es genau dasselbe. Ursprünglich dachte ich, die Mo'okane seien Elementarwesen, aber etwas an ihnen passte nicht zu dieser Definition. Es war, als ob sie größere Tiefe hätten. Versteh mich nicht falsch, Lloyd, ich will dich nicht beleidigen. Was ich zu sagen versuche: Sie haben ein stärkeres Ego, mehr so wie du. Dann, als ich hörte, sie stammen von den Mo'o ab, versuchte ich, sie dort einzusortieren, als Drachenhybriden mit menschlichen Charakterzügen. Das funktionierte eine Weile, bis ich anfing, mich zu fragen, ob die Mo'o gleichfalls zu den Ahnen gehörten. Ich war nicht in der Lage, sie einer Kategorie zuzuordnen.«

»Wenn wir von den Mo'o sprechen ... «, forderte Lloyd mich auf fortzufahren.

»Als Serge erklärte, dass Pele eine Vielzahl von Formen wählen kann, lösten sich meine letzten Versuche auf, die Mo'o auf nur *eine* physische Form zu begrenzen. Da begriff ich bis in die Zellen meines Körpers, dass die Mo'o nicht nur Wasserdrachen sind, sondern dass sie auch die Regenbogen-Deva im Wasserfall sein konnten und das Nebelwesen, das oben in Kokee zu mir gesprochen hatte. Daisy gab mir den Rat, mich weniger damit zu befassen, die einzelnen Wesen zu definieren, sondern zu erkennen, dass das Wichtige die Lehren sind, ganz gleich, von wem sie stammen.«

»Was uns zu den Ahnen führt...« Lässig schlug Lloyd die Beine übereinander, hob die Tasse und nahm schlürfend einen großen Schluck.

»Das Sich-wieder-Verbinden mit den Ahnen war die wertvollste Erfahrung von allen. Doch es war nicht einfach. Die geistige Welt stieß mich mitten in ein fremdes Land und sagte: ›Finde es heraus.‹«

»Und was hast du gelernt?«

»Zuerst dachte ich, die Ahnen seien sowohl gestorbene königliche Ali'i als auch Kahuna-Schamanen in der geistigen Welt, welche die heiligen Heiau (Tempel) vor Eindringlingen beschützen und versuchen, ihr Wissen für ihre hawaiianischen Nachkommen reinzuhalten. Ich wusste nicht, wie – oder ob – das einen Bezug zu mir hatte. Dann wurde mir wiederholt gesagt, ich hätte hawaiianische Leben gehabt, sowohl als Kahuna als auch als Ali'i. Noch stärker herausgefordert hat es mich, von meiner Mo'o-Abstammungslinie zu erfahren, und fast noch verstörender war es, als Pele mir sagte, dass sie ebenfalls eine Vorfahrin von mir sei. Ich habe lange gebraucht zu erkennen, warum das Göttliche mich auf diese Entdeckungsreise geschickt hat und was diese Enthüllungen tatsächlich bedeuten, für mich und für andere.«

»Und … « Seine rechte Hand hielt die Tasse fester, während er mit seiner linken ungeduldig Kreise vollführte.

Ich versuchte, zum Punkt zu kommen: »Vor meinen Erlebnissen auf Hawaii hatte ich nicht wirklich begriffen, dass die Ahnen ständig gegenwärtig sind, dass sie uns allen helfen und uns führen.«

»Zum Beispiel …?« warf Lloyd ein, jetzt eindeutig an mehr interessiert.

»Jetzt kann ich die verschiedenen Arten von Ahnen würdigen, die jeder von uns hat«, fuhr ich fort. »So haben wir zum Beispiel direkte Vorfahren wie Großmutter und Großvater. Das ist einfach. Auch haben wir menschliche Vorfahren aus unseren vergangenen Leben. Diese Menschen haben uns zu ihrer Zeit geholfen, und – da es auf den höheren Ebenen, wo Ahnen sich aufhalten, weder Raum noch Zeit gibt – helfen uns viele von ihnen auch heute. Dann haben wir noch eine Hybrid-Linie, unsere ursprüngliche Abstammungslinie aus der Zeit, als wir unsere Inkarnationen auf der Erde begannen. Das könnte als Delphin, als Mo'o, Engel, Elementarwesen oder als eine von vielen anderen Arten gewesen sein. Außerdem haben wir noch die großen spirituellen Lehrer, denen wir uns einmal angeschlossen haben, etwa Krishna, Jesus, Tara oder Büffelkalbfrau.«

»Und warum ist es wichtig, Ahnen zu haben?« Da Geduld nicht zu seinen Stärken gehört, wurde Lloyd immer drängender.

»Diese verschiedenen Arten von Ahnen in der Astralwelt sind immer mit uns verbunden. Sie beeinflussen uns auf vielfältige Weise je nach ihren Frequenzen, die den jeweiligen Ebenen entsprechen, welche sie in der Astralwelt bewohnen.«

Der Leprechaun wartete, dass ich fortfuhr.

»Betrachten wir es einmal so: Menschen sind sich der materiellen Ebene bewusst, doch existieren auch eine astrale und eine noch höherer kausale Ebene (des reinen Gedankens), in denen die meisten von uns unbewusst sind. Die Menehune und Elementargeister haben auch alle diese Ebenen, aber ihre schwingen auf einer anderen Frequenz als unsere. In je mehr Frequenzbereichen Menschen oder Elementarwesen oder Ahnen bewusst sind, auf um so mehr Ebenen können sie zugreifen und mit um so mehr Wesen können sie kommunizieren. Bewusstsein existiert auf vielen Ebenen und auf vielerlei Arten, und Menschen – aber auch du, mein Freund – erkennen nur einen kleinen Teil davon. Die gute Nachricht ist, dass nichts wirklich stirbt, weder die Ahnen noch du oder ich.«

Der Leprechaun stieß einen erleichterten Seufzer aus: »Du hast vielleicht gedacht, ich hielte Informationen zurück, aber ich war auch nur ein Schüler, so wie du. Auf Hawaii befand auch ich mich in einem fremden Land und musste mir meinen Weg erst suchen. Es fällt mir leicht, mich auf die Ebene der Menehune und Mo'okane zu begeben, weil deren Frequenzen denen der menschlichen Ebenen, auf denen ich bewandert bin, näher sind. Doch es ist eine ganz andere Sache, sich mit diesen geistigen Ahnen auszutauschen. Ihre Ebenen befinden sich auf einer höheren Frequenz, als ich sie von mir aus besuchen kann. Du bist für mich eine Brücke, um dorthin zu gelangen.«

»Ahh. Also ist ›der Mensch‹ für dich von Nutzen gewesen.« Ich sandte ihm ein Bild, wie er huckepack auf mir dahinritt.

Seine Ernsthaftigkeit verflog im Nu, und er lachte schallend.

»Jetzt mal ohne Spaß«, sagte ich. »Nun, da ich zu verstehen beginne, wie viele der Ahnen mir helfen, empfinde ich Demut und Dankbarkeit zugleich. Ununterbrochen erhalte ich Informationen, damit ich weitergehen und Vertrauen in die Klarheit meiner Vision haben kann. Erst kürzlich erhielt ich die bedeutendste Bestätigung von allen, und sie betrifft dich.«

»Nun, wenn es mich betrifft, bin ich ganz Ohr«, sagte er und schickte mir ein Bild von sich, bedeckt von lauter Ohren.

»Ungefähr zur selben Zeit, als ich dich traf, vor mehr als zwanzig Jahren, fing ich an, Bücher eines indischen Yogi zu lesen, Paramahansa Yogananda. Seine Art, zwischen dem westlichen und dem östlichen Weg eine Brücke zu schlagen, passt zu mir. Unter anderem schreibt er sehr ausführlich über Christus. Anders als im Westen wird im Osten die jeweilige *geistige* Abstammungslinie betont. Yoganandas Meister war Sri Yukteswar, dem ich mich, wie ich zugeben muss, noch näher fühle. Er ist streng, doch seine große Gabe ist die Weisheit, zu der ich eine Resonanz verspüre.«

»Und auf welche Weise betrifft das mich?« fragte der Leprechaun und betrachtete angelegentlich die Haut unter seinen Fingernägeln.

»Dazu komme ich gleich. Ich war dabei, Yoganandas Buch *Autobiographie eines Yogi* noch einmal zu lesen, als ich zu einem Abschnitt kam, der eine starke Wirkung auf mich hatte: Nach seinem Tod manifestierte sich Sri Yukteswar in einem physischen Körper, um seinem Schüler eine Botschaft zu überbringen. Er teilte Yogananda mit, dass er jetzt in der Astralwelt arbeite, in der ›Feen, Wassernixen, Fische, Tiere, Kobolde, Gnome, Halbgötter und Geister alle auf verschiedenen Astralebenen wohnen‹.

Und ganz plötzlich erkannte ich, nicht nur mental, sondern ich *wusste* es auf einer tiefen Ebene, dass Sri Yukteswar mein geistiger Ahn war und ist. Natürlich nicht nur meiner, Tausende von Menschen würden dasselbe sagen, aber das schmälert nicht seine Bedeutung für mein Leben. Und ich hoffe, du hörst bei diesem Teil jetzt gut zu: Er führte mich nach Irland, um über Elementarwesen wie Kobolde und Gnome zu schreiben – und das ist die Stelle, an der du auftrittst, Lloyd. Doch hier hört es nicht auf. Ich glaube, er gab mir die Idee ein, weitere Nachforschungen anzustellen und dann über Hybriden zu schreiben, wie die Wassernixen, von denen er spricht. Und auch hier warst du involviert. Und jetzt sehe ich, dass er mich dazu anleitet, ein Buch über Ahnen zu verfassen, auf die er sich als ›Halbgötter‹ bezieht. Es gibt zu viele Synchronizitäten, so dass ich einfach weiß, dass ich auf dem Weg meiner Bestimmung von Sri Yukteswar geführt werde. Und ich weiß, dass mein Leben im Dienst eines viel größeren Plans steht, einem, der mir weitgehend unbekannt ist und der sich entfaltet, wenn ich es wissen muss und die Zeit dafür reif ist.«

Als ich mit meinen Enthüllungen zum Ende kam, begann sich ein Lächeln in Lloyds Mundwinkeln zu zeigen. »Also«, fragte ich, »siehst du, dass wir zusammengebracht wurden, um gemeinsam unsere Arbeit zu tun?«

»Ein Problem nur… Er hat keine Leprechauns erwähnt. Nur ein kleines Versehen, das sicherlich korrigiert werden kann«, erwiderte er und brach in Gelächter aus, als er sich anschickte, den Rest seines Tees hinunterzukippen.

TEIL 2

WIE DIE AHNEN UNS HEUTE BEEINFLUSSEN

Vielen Dank, dass ihr euch Zeit genommen habt für diese Reise mit mir. Meine Geschichte mag Erinnerungen an Momente geweckt haben, in denen ihr das Gefühl hattet, dass eure Vorfahren mit euch Verbindung aufgenommen haben. Wenn dem so ist, freut es mich für euch. Aber vielleicht ist es auch das erste Mal, dass ihr über die Bedeutung von Ahnen nachdenkt, seien es die biologischen oder geistigen. Wenn ihr jetzt das Bedürfnis verspürt, euch auf die Suche nach euren Vorfahren zu machen, sind hier jedenfalls ein paar Vorschläge, wie und wo ihr beginnen könnt.

Für mich war es eine überaus wichtige Erkenntnis, dass wir biologische, aber auch viele Arten von geistigen Vorfahren haben und dass einige von ihnen uns jetzt besonders beeinflussen. Die meisten von uns denken bei dem Wort »Ahnen« an Vorfahren aus der genetischen Linie – sie lebten in der Vergangenheit, und wir haben unsere DNA und familiäre Muster von ihnen übernommen. Die Erforschung der biologischen Abstammung ist vielen wichtig, was auch an der zunehmenden Popularität von Webseiten wie Ancestry.com, FamilySearch.org und WikiTree abzulesen ist. Vielleicht beschäftigen wir uns damit, weil wir wissen möchten, woher wir kommen und welche Begabungen, aber auch welche Themen wir geerbt haben, damit wir uns heilen können und unsere familiären Verletzungen nicht an unsere Nachkommen weitergeben müssen.

Sich die Ahnen in einer zeitlich-linearen Abfolge vorzustellen – von der Vergangenheit zur Gegenwart –, bildet die multidimensionale Wirklichkeit, in der unsere Ahnen existieren, nicht wirklich korrekt ab. Statt die Vorfahren nur in der Vergangenheit zu sehen, kommt es darauf an zu akzeptieren, dass sie, ebenso wie wir, in allen Dimensionen existieren, auch jenseits von Raum und Zeit – und dass sie uns von diesen nicht-physischen Ebenen aus beeinflussen können.

Wir denken, wir seien bewusste Wesen, doch das sind wir nicht. Nimm zum Beispiel deinen Körper. Du siehst gewissermaßen nur seine »Vorderseite« und hast keine Ahnung, wie die »Rückseite« aussieht. Dennoch ist diese unsichtbare Seite da und hilft dir, dem Wesen, als das du dich begreifst, eine Form zu geben. So wie du nicht ohne die »Rückseite« deines Körpers leben kannst, kannst du nicht ohne die multidimensionalen astralen und kausalen Welten leben, aus denen deine Gefühle und Gedanken kommen, welche sich als deine physische Realität manifestieren. Diese Welten sind das Reich der Ahnen.

Zu den Ahnen in der *physischen* Abstammungslinie gehören unsere Familie (Eltern, Großeltern usw.), unser Volksstamm (Kelten, Juden, Sioux usw.) und unsere Nation (Kanada, Deutschland, Ägypten usw.). Stammen unsere Vorfahren zum Beispiel aus Irland, tragen wir in unseren Genen unter anderem die Armut und das Leiden des irischen Volkes, auch wenn wir selbst nicht in Irland geboren wurden. Und wenn wir deutscher Abstammung sind, erben wir das Trauma von zwei Weltkriegen; aus diesem Grund fühlen sich viele Menschen, die in Deutschland leben, schuldig für etwas, das sich lange vor ihrer Geburt ereignete.

Gehen wir noch weiter: Selbst das Land, auf dem wir leben, trägt in sich eine Erinnerung an das, was auf diesem Land passiert ist, und diese Themen übertragen sich auf die Menschen, die heute dort leben. War zum Beispiel unser Land im Krieg von feindlichen Kräften besetzt gewesen, kann es sein, dass wir anderen misstrauisch begegnen und ein Mangelbewusstsein entwickelt haben. Vielleicht sorgen wir uns, woher unsere nächste Mahlzeit kommt – auch wenn diese Sorge gar keinen Bezug zu unserem jetzigen Leben hat, das von Überfluss gekennzeichnet ist.

Es ist wichtig, sich nicht in Schuldgefühlen oder Selbstvorwürfen zu ergehen, weil unsere direkten Vorfahren oder unser Volk sich schuldig gemacht haben. Wenn wir an Wiedergeburt und vergangene Leben glauben, sehen wir, dass wir *alle* infolge unseres physischen Erbes sowohl Opfer als auch Täter sind. Vielleicht tragen wir eine Mischung aus Schuldgefühlen und Selbstgerechtigkeit, aus Angst und Überheblichkeit in uns.

Außerdem schließt unser biologisches Erbe letztlich alle Wesen auf diesem Planeten (Tiere, Pflanzen, Landschaften) mit ein, weil wir uns alle vor Milliarden von Jahren aus derselben Ursuppe entwickelt haben. Das war schon immer Grundlage und Lebensauffassug der indigenen Völker überall auf der Welt, und da die Wissenschaft diese Wahrheit heute immer stärker untermauert, wird dieses Verständnis allmählich zu einem Bestandteil des allgemeinen Bewusstseins.

Unsere *geistige* Abstammungslinie ist, da sie unsichtbar ist, nicht so offensichtlich wie die biologische, doch genauso wichtig. Um an geistige Ahnen zu glauben, müssen wir uns der anderen Wirklichkeiten bewusst werden, in denen Elementarwesen, Engel und viele weitere »sagenhafte« Wesen – wie zum Beispiel Drachen – wohnen, und dass auch diese Wesen unser Leben beeinflussen und leiten, ob wir uns dessen gewahr sind oder nicht. Diese astralen Ebenen existieren außerhalb von Raum und Zeit. Im Zuge unserer menschlichen Evolution sind wir in das Zeitalter eingetreten, in dem wir allmählich einen bewussten Zugang zu diesen Ebenen erhalten. Die Astralwelten der Elementarwesen und Ahnen durchdringen unsere Realität der dritten Dimension, und es ist unsere Bestimmung, uns ihrer jetzt bewusst zu werden.

Um die vielen Arten von geistigen Ahnen auf diesen unsichtbaren Ebenen zu verstehen, mag ein Blick auf das folgende Diagramm hilfreich sein. Die erste Sprosse auf der Leiter der geistigen Ahnenlinie und diejenige, mit der vielleicht die meisten Menschen vertraut sind, zeigt ihre vergangenen Leben. Zu unseren vergangenen Leben gehören die diversen Länder, in denen wir gelebt, und die Vielfalt der rassischen und religiösen Traditionen, in denen wir Erfahrungen gesammelt haben. Nach meiner Erfahrung – und der von vielen Menschen, mit denen ich Rückführungen gemacht habe – sind wir selbst sehr oft unsere eigenen Vorfahren aus unseren vergangenen Leben. Das bedeutet, falls du ein vergangenes Leben in Irland hattest, in dem du vor Hunger gestorben bist, hast du dieses Trauma vielleicht genetisch durch nachfolgende Generationen bis zu dir selbst in der jetzigen Zeit weitergegeben. Und wenn du dir dessen

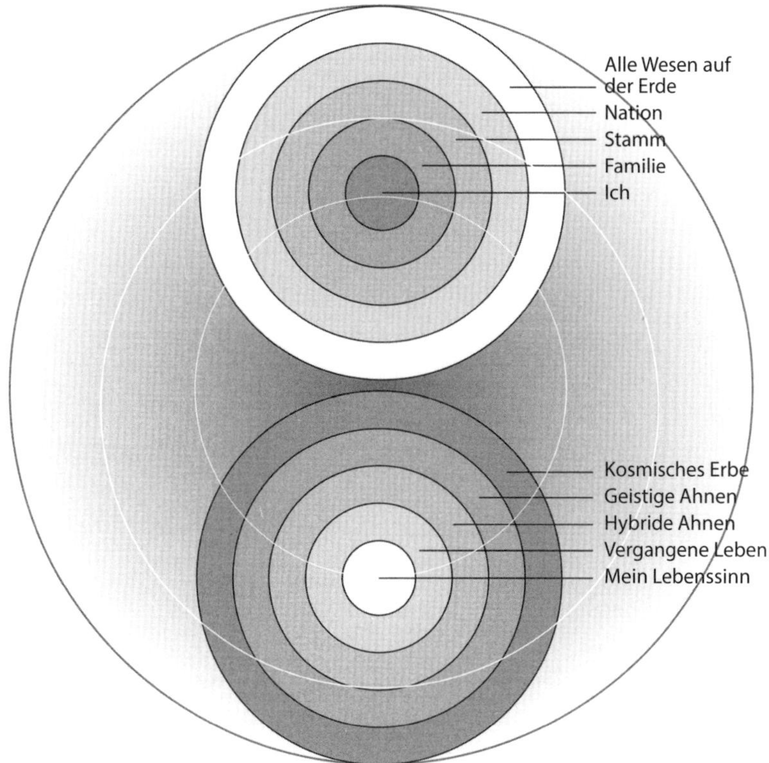

Abb.: Körperliche und geistige Abstammungslinien verbinden und durchdringen sich gegenseitig.

im Hier und Jetzt bewusst wirst, kannst du dieses Trauma bis zurück in das ursprüngliche Leben, in dem entstanden ist, heilen.

Die zweite Sprosse entspricht unserer »Hybrid«-Linie, der Art, aus der wir ursprünglich gekommen sind. Obwohl wir in diesem Leben einen menschlichen Körper besitzen, kann es zum Beispiel sein, dass wir ursprünglich von einem Engel, Elementarwesen, Delphin oder Drachen abstammen. Mit anderen Worten: Wir sind vielleicht nicht nur ein Erdenwesen, sondern auch ein interstellares Wesen. Interstellare Wesen werden in den menschlichen Mythen auf der ganzen Welt erwähnt und wurden in vielen Zeiten von Sehern aller spirituellen Traditionen wahrgenommen. Sie existieren auf den Astral- und Kausalebenen; das sind die Ebenen, auf denen die Ahnen wohnen und welche allmählich auch für uns zugänglich werden. Es führt zu weit, an dieser Stelle stärker ins Detail zu gehen, wenn ihr jedoch an diesem Thema interessiert seid, empfehle ich euch, mehr über eure Hybrid-Linie in meinem Buch *Nicht ganz von dieser Welt* zu erfahren.

Und dann gibt es noch die höhere geistige Abstammungslinie von Wesen, unter deren Führung wir so viele Leben verbracht haben. Sie haben vielleicht keine offensichtliche biologische Verbindung zu uns, obwohl, wie ich an anderer Stelle schon erwähnte, alle Wesen auf den höheren Ebenen miteinander verbunden sind. Diese höhere geistige Linie arbeitet im wesentlichen mit unserer Seele, im Unterschied zu unseren physisch-biologischen Ahnen, die vorrangig mit unserer Persönlichkeit arbeiten. Zu diesen seelisch-geistigen Ahnen gehören Heilige und Aufgestiegene Meister, wie Paramahansa Yogananda, Erzengel Michael, Mutter Maria und Kihawahine, die Mo'o-Göttin. Heilige sind alte Seelen und manche, wie der Dalai Lama, Mutter Teresa oder Mahatma Gandhi, ob sie nun noch am Leben oder schon gestorben sind, leiten Tausende von Menschen an. Auf noch höherer Ebene befindet sich unsere kosmische geistige Abstammungslinie, die wir mit der ganzen Menschheit gemeinsam haben. Hier finden wir den Kosmischen Christus und die Göttliche Mutter, die über die Evolution der Menschheit und die Evolution unseres gesamten Universums wachen.

Es kann auch sein, dass wir Ahnen haben, die sowohl unserer physisch-biologischen als auch der seelischen Abstammungslinie angehören. Vielleicht leben sie sogar heute, und wenn wir ihnen begegnen, erkennen wir sie aus vergangenen Leben wieder. Oft reinkarnieren wir uns in Seelengruppen. Wenn etwa jemand von einem kleinen Kind sagt: »Sie erinnert mich an meine Großmutter«, kann es sein, dass dieses Kind eine

Reinkarnation der Großmutter ist, die starb, eine Ahnin wurde und jetzt wieder in einem Körper ist. Je mehr wir uns sowohl der biologischen als auch der geistigen Ahnen bewusst werden, um so deutlicher erkennen und spüren wir ihren Einfluss auf uns und wie unser individuelles Leben mit allen (und nicht nur den menschlichen) Wesen auf der Erde und im Kosmos verflochten ist.

Die Ahnen zeigen sich uns, wenn wir bereit sind hinzuhören. Ganz besonders gilt das, wenn es ungeklärte Themen oder Verletzungen in unserer familiären Abstammungslinie oder der unseres Volkes gibt. Die Ahnen sind hier, weil sie uns helfen möchten. Sie unterstützen uns dabei, Wunden in unserer familiären Abstammungslinie zu heilen, etwa Missbrauch, Verlassenheitsgefühle, Mangel an Liebe und unsere zahlreichen Süchte. Gleichzeitig offenbaren sie die Talente und Stärken, die uns in denselben Linien vererbt wurden – Gaben, die uns in die Lage versetzen, unsere Bestimmung zu erfüllen. Außerdem steuern sie uns in eine von ihnen gewünschte Richtung. – Wenn sich also Türen zu unseren ersehnten Zielen ohne logischen Grund öffnen oder schließen, ist es hilfreich, nach dem Einfluss der Ahnen zu suchen.

Oft ist ihre Führung sehr subtil, wenn wir uns zum Beispiel der Synchronizitäten in unserem Leben bewusst werden. So haben meine Stieftochter und meine Mutter am gleichen Tag Geburtstag, und der Geburtstag meiner anderen Stieftochter, die aus Kolumbien adoptiert wurde, ist am selben Tag wie der Geburtstag ihres Adoptivvaters. Sich wiederholende Muster sind eine andere Art, uns »auf die Sprünge« zu helfen. Heiraten wir – manchmal mehr als einmal – jemanden, der wie unsere Mutter oder unser Vater ist? Begegnen wir später im Leben Menschen wieder, die wir von früher kennen? Scheitern wir bei einer bestimmten Aufgabe immer und sind bei einer anderen immer erfolgreich? Wenn wir auf diese »Zufälle« achten, werden sie uns Muster der Ahnen enthüllen, die wir uns näher anschauen sollten.

So wie in unserer biologischen Abstammungslinie haben wir vielleicht auch in unserer geistigen eine Verletzung. Dazu gehören unsere vergangenen Leben, unsere Hybrid-Herkunft oder unsere seelische oder geistige

Abstammung. Unsere Verletzung oder unser ungeklärtes Thema existiert oft auf mehr als nur auf einer dieser Ebenen. So kann es zum Beispiel sein, dass ein Thema, das wir in unserem Leben erkannt haben, auch für unsere Mutter Thema war, und dass wir beide dieses selbe Thema in einem vergangenen Leben gemeinsam hatten. Außerdem könnte uns ein negatives Muster in unserer familiären Abstammungslinie weitergegeben worden sein (z. B. Alkoholismus, Selbstmordgefährdung, Verlassenwerden durch ein Elternteil), und es kann ein geistiger Vorfahr sein, einer nicht aus unserer Blutlinie, der uns hilft, diese Wunde zu heilen. Warum? Weil wir uns, solange das nicht geschehen ist, wieder und wieder reinkarnieren müssen, um uns mit diesem Thema auseinanderzusetzen, wodurch unser geistiger Fortschritt verzögert wird, was unser geistiger Vorfahr verhindern möchte.

Ahnen kommen aus allen Ländern und bevölkern eine große Vielfalt von Ebenen in der Astralwelt. Es gibt keine zahlenmäßige Begrenzung bei den Ahnen, die wir haben können, aber nicht alle haben eine Botschaft für uns. Die Vorfahren, die mit uns in Verbindung treten, wollen uns dazu bewegen, auf eine bestimmte Weise zu handeln: vielleicht eine Verletzung in einer unserer Abstammungslinien zu heilen oder unsere Begabungen und Fertigkeiten einzusetzen, um eine Aufgabe zu erledigen, die sie uns geben. Doch ist das keine Einbahnstraße. Sie unterstützen uns, damit wir unsere Aufgabe in diesem Leben erfüllen können; und sie selbst werden gestärkt und sind glücklich, wenn uns das gelingt. Da sie mehr über unseren Seelenplan und unsere Begabungen wissen, wissen sie auch, wozu wir fähig sind – manchmal besser als wir selbst. Sie wissen: Wenn wir Traumata oder Schwächen in unserer Persönlichkeit heilen, werden wir zu der Person, die in uns angelegt ist, nicht nur in diesem, sondern in allen unseren Leben.

Erinnerungen an Ahnen tauchen auf, wenn sie von etwas in unserem inneren oder äußeren Leben ausgelöst oder angestoßen werden. Das kann ein Problem auf der körperlichen Ebene sein, das die Ärzte nicht behandeln können, oder ein psychisches Problem, das sich durch eine Therapie nicht lösen lässt. Teile des Puzzles tauchen auf, und wir erkennen nach und nach, wie sich ein Muster abzeichnet. Es zeigt sich jedoch nicht alles auf einmal. Bei einem komplexen Puzzle müssen wir uns aktiv einbringen, wenn wir das vollständige Bild sehen wollen. Dann wird das Unbewusste bewusst. Dann werden die einzelnen Teile immer klarer, bis wir schließlich das ganze Bild erkennen können.

Wir stehen am Beginn einer neuen Wissenschaft, der Epigenetik, die davon ausgeht, dass unsere Gene nicht nur durch körperliche, sondern auch durch seelische Verletzungen, die wir erlitten haben, verändert werden. Als Erinnerung an diese Wunden bleiben Narben, die sich in unserer DNA verankern und an unsere Nachkommen weitergegeben werden. Durch die Epigenetik wird nachvollziehbar, wie Alkoholismus, sexueller Missbrauch, sogar der Genozid an unseren indigenen Völkern über die Abstammungslinie weitergegeben werden. Aber auf dieselbe Art und Weise erben wir auch positive, freudige Erfahrungen! Haben wir also Liebe und Unterstützung durch unsere Familie erfahren, wird das ebenso weitergegeben wie die anderen Begabungen, die wir vielleicht von unseren biologischen Vorfahren geerbt haben, etwa ein Talent für Musik oder Mathematik oder einen starken und gesunden Körper. Und je mehr wir diese Geschenke würdigen, desto vollständiger werden sie uns in unserem jetzigen Leben zur Verfügung stehen. Alle Gaben der Ahnen sind *jetzt* für uns zugänglich.

Schauen wir auf die Bedeutung dieser Arbeit an unserem Erbe: Werden Wunden der Ahnen auf Familienebene geheilt, hat das positive Auswirkungen auf allen Ebenen, auf denen die Verletzung auftreten kann – auf die kulturelle, religiöse oder nationale. So zeigen zum Beispiel viele Kinder von Eltern, die Kriege erlebt haben, oder Kinder aus indigenen Völkern, deren Eltern aus ihren Familien gerissen und auf Internate geschickt wurden, die gleichen Angstmuster und emotionalen Verletzungen wie ihre Eltern und Großeltern. Kann das Kind die Wunde heilen, geschieht eine Rückspulung durch Raum und Zeit, und die Wunde kann auf der Ebene der Vorfahren ebenfalls geheilt werden.

Wenn es uns schwerfällt, das zu glauben, hilft es, wenn wir uns daran erinnern, dass Zeit, so wie wir sie kennen, nicht existiert. In der Astralwelt, wo die Ahnen sich aufhalten und wohin wir in unseren Träumen und zwischen den Leben gehen, existieren Vergangenheit und Zukunft im Jetzt. Noch einmal: Es bedeutet, wenn wir *unsere* Wunden heilen, heilen wir diese Muster nicht nur für unsere Nachkommen, sondern auch für unsere Vorfahren. Es ist also unsere Verantwortung und unser Privileg, dies für unsere Nachkommen, unsere Vorfahren und für uns selbst zu tun.

Oft lassen unsere Ahnen uns so lange nicht in Ruhe, bis wir die Verletzung geheilt haben, und dieser Prozess kann schmerzhaft sein. Schuldgefühle, Angst und psychosomatische Erkrankungen können Anzeichen dafür sein, dass wir uns weigern, uns mit dem zu befassen, auf das sie uns hinweisen wollen. Ich will nicht sagen, dass unsere Vorfahren uns zwingen. Stelle sie dir vielmehr so vor, wie sie waren, als sie noch auf der materiellen Ebene lebten. Wir wissen, dass es einen großen Unterschied gibt zwischen dem Bewusstsein unseres verstorbenen Vaters und zum Beispiel dem von Christus. Vielleicht möchte unser Vater, dass wir ihm helfen, eine Wunde zu heilen, für die er verantwortlich ist und die er an seine Nachkommen weitergegeben hat. Wenn das so ist, warte nicht auf Christus ... beginne jetzt, mit deinem verstorbenen Vater zu arbeiten. Er hat den Vorteil, dass er von der Astralwelt aus klar erkennen kann, welchen Schaden er angerichtet hat; aber am besten geheilt werden kann die Verletzung von jemandem, der verkörpert ist.

Natürlich besitzen wir immer den freien Willen, ob wir uns auf so etwas einlassen wollen oder nicht. Doch wenn wir eine Verwundung in unserer Familie heilen – sei es durch Familienstellen, schamanische Praktiken, spirituelle Transformation oder was auch sonst –, sind die Auswirkungen sehr viel größer, als wir glauben, denn es trägt zur Heilung unseres Volksstammes und unseres Landes bei. So wie unsere physischen Vorfahren uns unser biologisches Erbe mitgeben, so arbeiten unsere geistigen Vorfahren mit unserer Seele, um uns zu helfen, unsere Bestimmung zu erfüllen, nicht nur in diesem, sondern in allen Leben. Indem wir unsere geistigen Ahnen würdigen, holen wir aus vergangenen Leben

Seelenbestandteile zurück, die dann wieder in den seelischen Fluss integriert werden können. Das führt zu größerer Stärke in unserem gegenwärtigen Leben.

Um unsere Bestimmung vollständig zu erfüllen, sind wir aufgefordert, die Türen zu allen Teilen unseres Unbewussten aufzuschließen und es ans Licht zu bringen. Die gute Nachricht ist, dass in jedem und in jeder von uns ein Körperelementarwesen wohnt, das uns dabei hilft. Unser Körperelementarwesen ist das Geistige in der Form, das unseren physischen, emotionalen, mentalen und spirituellen Körper gestaltet. Es baut unseren Körper und unsere Persönlichkeit auf, mit all den Stärken und Schwächen, die nötig sind, um unsere Aufgabe in diesem Leben zu erfüllen. Dazu greift es auf positive und negative Muster zurück, die in früheren Inkarnationen gebildet wurden, auch auf die Muster unserer Ahnen. Einige dieser Muster sind uns bewusst, andere nicht.

Sowohl die biologische als auch die geistige Abstammungslinie wird von unserem Körperelementarwesen in unsere Körper übertragen. Unser Körperelementarwesen kann uns helfen, negative Muster der Ahnen zu heilen und stattdessen positive, lebensfördernde wieder aufleben zu lassen. Wenn wir die Muster unserer persönlichen Vorfahren heilen, werden wir letztendlich das kollektive Unbewusste der Menschheit heilen, von dem C. G. Jung sagte, dass es sich über Millionen von Jahren angesammelt hat.

Warum? – Weil Krieg, Hungersnot, Gewalt, Vorurteile, Verlust und Trauer nicht neu sind. Diese Probleme existieren, seit es Menschen gibt, und sie müssen in Liebe, Frieden, Weisheit, Mitgefühl, Dankbarkeit, Vergebung und Freude umgewandelt werden. Das mag uns unmöglich vorkommen, aber wir sind geschaffen, Erfolg zu haben, nicht zu versagen – und wir erhalten vom Göttlichen immer nur jene Aufgaben, für die wir Verantwortung übernehmen können.

Die Bedeutung der Ahnen liegt nicht nur in der Weisheit, die sie uns zu bieten haben, sondern auch in den Mühen, die wir auf uns nehmen müssen, um sie zu erlangen. Durch Herausforderungen entwickeln wir uns, auf dass wir würdig werden, ihre Weisheit zu empfangen; umgekehrt werden wir durch das Empfangen ihrer Weisheit auch ihrer würdig. Die

Ahnen offenbaren sich nach und nach; sie lassen uns jeden Bissen erst verdauen, bevor sie uns ein weiteres Stückchen zum Verzehr reichen. Und wie es bei jedem schmackhaften Gericht ist: Haben wir einmal angefangen, wollen wir alles essen. Auch wenn wir uns ihrer Arbeit nicht immer bewusst sind, so sind die Ahnen doch Meisterstrategen – zu unserem Wohl, im Dienst der Erschaffung einer bewussten Welt.

Das Reisen auf spirituellen Ebenen ist nicht das gleiche, wie in unser Auto zu steigen und von A nach B zu fahren. Es ist eher wie bei einer Detektivgeschichte, wo wir einzelnen Hinweisen folgen und diese sich Schritt für Schritt zu einem Bild zusammenfügen, bis wir schließlich am Ziel sind. Die spirituellen Ebenen haben mehr mit »sowohl als auch« als mit »entweder oder« zu tun, und je stärker wir versuchen, unsere Erfahrungen in eine feste Form zu bringen, um so mehr entziehen sich uns diese Ebenen. In den Astralwelten können Ahnen (ebenso wie Elementarwesen, Engel und so weiter) jede von ihnen gewünschte Form annehmen, und oft offenbaren sie uns neue Aspekte von sich, sobald wir in der Lage sind, diese zu verstehen. Unserem Ego kann das unangenehm sein, denn es will »genau wissen«, was diese Wesen sind; eine Reise ohne klare Wegbeschreibung bedeutet eine Herausforderung für das Ego. Es wünscht sich Kontrolle, doch wenn wir ehrlich sind, erkennen wir, dass wir auch in der materiellen Welt nichts kontrollieren können und dass unser Leben sowohl auf den sichtbaren als auch auf den unsichtbaren Ebenen ein großes, sich stetig wandelndes Mysterium ist.

Indigene Völker sind stärker mit ihren Ahnen verbunden als heutige Europäer. Es gibt vieles, was wir von ihnen lernen können. In unserer modernen westlichen Kultur trennen wir den Kopf (das Denken) vom Herzen (dem Fühlen) und unterbrechen so die lebenswichtige Verbindung zu unserem Körper, unseren Vorfahren und der Erde. Wir haben die Geschichten unserer Eltern, unserer Familie, unseres Stammes, unseres Landes und unseres Ursprungs verloren. Viele indigene Kulturen – wie jene der Ureinwohner Nord- und Südamerikas, Australiens und Neuseelands, ebenso wie viele Menschen in Tibet, der Mongolei und in Afrika – verfügen noch über diese Verbindung. Sie ist das Bindeglied zum Sein. Indem sie die Mythen über ihre Ursprünge weitergeben, halten indigene Völker die Verbindung zu ihren Ahnen lebendig. Diese Geschichten besitzen die Macht, sowohl Zuhörer als auch Erzähler zu transformieren, weil sie sowohl vom Gehirn als auch vom Herzen gehört werden – und das Herz ist der Ort, am dem die tatsächliche Transformation geschieht.

Die Kultur Hawaiis gründet auf dem Glauben an Ahnen, und die Menschen von Hawaii empfinden, wie andere indigene Kulturen, eine tiefe Verwandtschaft mit der gesamten Schöpfung. Für sie sind die Natur und alle Wesen lebendig, nicht nur in der physischen Welt, sondern auf allen Ebenen und in allen Dimensionen. Jedes menschliche Wesen ist ein Teil des Ganzen, beeinflusst das große Netz des Lebens und wird von ihm beeinflusst. Das ist die Botschaft der hawaiianischen Ahnen, nicht nur als Theorie, sondern als eine Wirklichkeit, die Teil unseres täglichen Lebens ist. Die Geschichten der indigenen Völker, wie jener von Hawaii, erzählen von ihrer Verwandtschaft mit allen lebenden Wesen, nicht nur mit Menschen, sondern auch mit Tieren, Pflanzen und der unsichtbaren wie der sichtbaren Welt. Indigene Völker sprechen über ihre Krafttiere (in Hawaii sind das die 'Aumakua), die Tiere, die zu ihnen sprechen und mit denen sie verwandt sind. Wenn wir uns klarmachen, dass wir 98 Prozent unseres genetischen Codes mit Tieren gemeinsam haben, dann sind wir auf dem Weg zur Erkenntnis, dass diese Beziehung keine Metapher, sondern Realität ist.

Hawaii, und vor allem Kauai, ist noch aus einem anderen Grund ein besonderer Ort. Da es 4.000 Kilometer von jeder großen Landmasse entfernt ist, ist hier die Natur rein und ursprünglich. Als der afrikanische Älteste und Schamane Malidoma Some nach Kauai kam, weinte er vor Freude und erklärte, die Lebenskraft sei dort so lauter, dass er spüren könne, wie sie das Bewusstsein der Erde ohne jegliche Verfälschung durchdringe und sich im ganzen Universum ausbreite.

In der westlichen Welt haben wir unsere Verbindung zum Netz des Seins verloren. Zwar kommt das Wort »human« vom lateinischen *humus*, dem Wort für Boden oder Erde, wir jedoch sind ohne Wurzeln. In unserem Bestreben, unsere Umwelt zu beherrschen, haben wir uns auf das Außen gerichtet und unsere Abstammungslinie und unsere Wurzeln vergessen, welche bis in die Erde reichen… und noch weiter in den Kosmos.

Ziehen wir vom Land unserer Geburt oder dem Land unserer Vorfahren weg, zerbricht das Bindeglied zu eben diesem Land, zu jenem Boden, in dem wir verwurzelt sind. Je öfter wir umziehen, um so weniger Wurzeln besitzen wir. Indigene Völker kennen das, weil so viele von ihnen vom Land ihrer Vorfahren vertrieben wurden. Ohne die Geschichten unserer Ahnen und eine Verwurzelung in ihrem Land fühlen wir uns oft wie Waisenkinder, selbst wenn wir eine liebevolle Familie haben. Die Abkopplung von unserem Stück Erde hat tiefgreifende Folgen. Letzten Endes können wir so nicht leben. Es ist wie eine Art Geisteskrankheit, die in eine Katastrophe für unsere ganze Spezies münden wird. Die Ahnen, wie jene in dieser Geschichte, drängen uns, endlich wieder hinzuhören. Die Lösung finden wir nicht, indem wir immer noch mehr gedankliche Konstrukte bilden. Nicht durch Denken oder Handeln werden wir aus der Sackgasse herausfinden, sondern allein, indem wir tief in uns gehen und erkennen, wer wir wirklich sind und was unser Leben ausmacht.

ZEHN ARTEN, MIT UNSEREN AHNEN KONTAKT AUFZUNEHMEN UND MIT IHNEN ZU ARBEITEN

Die Ahnen unterstützen uns dabei, negative Muster und Verletzungen zu heilen – für uns selbst wie für unsere Nachkommen und Vorfahren. Wir sind für diese Aufgabe *genau die richtige* Person. Das müssen wir uns wirklich klarmachen, damit uns das Gefühl von Unzulänglichkeit oder einer überwältigenden Verantwortung nicht lähmt. Darüber hinaus liegt unseren Ahnen daran, unsere Begabungen zu leben und uns starkzumachen, damit wir zu dem echten, kraftvollen Menschen werden, der wir sind. – In der Zusammenarbeit mit ihnen können wir das entdecken. Hier sind einige Möglichkeiten, wie wir mit ihnen in Kontakt kommen und mit ihnen arbeiten können.

1. Der erste Schritt ist zu glauben. Der Glaube ist entscheidend, denn durch ihn verstärkt sich die Verbindung der Ahnen mit dir. Etwas, was die indigenen Völker auszeichnet, ist ihr tiefer Glaube an die Existenz der Vorfahren und ihre Bedeutung in ihrem täglichen Leben. Für unseren westlichen Verstand ist das schwierig, da wenige von uns mit diesem Glauben aufwachsen. An andere Wesen in der unsichtbaren Welt zu glauben – Engel, Elementarwesen, Geister, Gott, die Göttliche Mutter oder Christus – kann dir helfen, auch an deine Ahnen zu glauben. Alle diese Wesen existieren auf Ebenen, die aus vielfältigen Gedanken- und Gefühlsfrequenzen bestehen. Für uns Menschen in physischen Körpern ist es einfacher, mit den unsichtbaren Wesen zu kommunizieren, die unserer Frequenz näher sind. Unsere biologischen Vorfahren sind ein guter Ausgangspunkt.

2. Baue einen Altar. Du kannst Bilder, Fotos, Kunstgebilde, Blumen, heilige Objekte, Kristalle oder Steine aus dem Heimatland deiner Vorfahren oder dem deiner geistigen Ahnen darauf plazieren. So entsteht ein besonderer Ort, an dem du deine Aufmerksamkeit auf die Vorfahren konzentrierst; es stärkt deine Verbindung, wenn du an diesem Platz zu ihnen betest oder dort meditierst. Das Land deiner biologischen oder geistigen Ahnen zu besuchen, ist eine weitere Art, um Verbindungen aufzubauen. Es kann sein, dass deine Ahnen dich auffordern, in ein Land zu fahren, das keine offenkundigen Verknüpfungen zu deinen biologischen Vorfahren hat (so wie es bei mir mit Hawaii war). Wenn du das tust, wirst du wahrscheinlich ein spirituelles Bindeglied zu diesem Land entdecken.

3. Erwecke bestimmte Rituale wieder zum Leben und feiere sie. Diese können unterschiedlich sein, je nach der Abstammungslinie deiner Vorfahren. So können zum Beispiel Weihnachten, Chanukka, traditionelles Essen oder keltische Festtage wichtige Zeiten sein, um Kontakt mit den Ahnen aufzunehmen. Es ist auch gut, in deiner Familie Geschichten über verstorbene Eltern oder Großeltern zu erzählen, was sie gemacht und wo sie gelebt haben und was ihre Auseinandersetzungen und besonderen Taten und Fähigkeiten waren. Studien haben gezeigt, je öfter wir Geschichten über das Auf und Ab, von Erfolgen und Niederlagen hören – das »oszillierende Erzählen« in unserer Familie –, um so mehr stellen wir uns auf sie ein. Wenn du noch Sachen deiner Vorfahren hast oder auch Fotos, lasse andere daran teilhaben, besonders bei Familienfeiern. Je mehr Menschen deiner eigenen Linie sich gegenseitig Geschichten erzählen, um so stärker wird die Verbindung von euch allen zu euren Vorfahren.

4. Achte auf deine Träume. Es kann gut sein, dass deine Ahnen in Träumen Kontakt mit dir aufnehmen; deshalb ist es wichtig, sich an seine Träume zu erinnern und ihre Bedeutung zu ergründen. Es gibt Kräuter, die dich dabei unterstützen können, aber ich finde es am einfachsten, wenn ich morgens oder während der Nacht aufwache, vollkommen stillzuliegen und zu versuchen, mich an das letzte aus meinem Traum zu erinnern. Von da aus arbeite ich mich rückwärts, bis ich den ganzen Traum wieder präsent habe. Dann schreibe den Traum in ein Notizbuch und versuche zu verstehen, was er bedeutet. Es hilft auch, wenn du deinen Traum jemandem erzählst, das lässt ihn klarer werden. Oft ergeben sich so weitere Hinweise auf seine Bedeutung. Du kannst auch ein Gedicht oder Lied darüber schreiben oder etwas Künstlerisches schaffen. Manche Träume handeln von deinem täglichen Leben, während andere Botschaften deiner Ahnen sind.

5. Meditiere. Meditation baut eine Brücke zu deinen Ahnen, da sie hilft, deine Frequenz zu erhöhen, so dass du Zugang zur Astralwelt bekommst, wo die Ahnen sind. Bitte das Göttliche um Hilfe. Dann tritt beiseite, damit das Göttliche seinen Zauber wirken kann, in welcher Form auch immer. Sprich direkt zu den Ahnen und bitte sie, sich dir zu offenbaren – oder beobachte einfach anhand der in deinem Leben wiederkehrenden Muster, wie sie mit dir arbeiten. Ahnen lieben es, erkannt und wertgeschätzt zu werden, also denke daran, ihnen ein herzliches »Danke« zu schicken.

6. Beginne da, wo du jetzt bist! Mit welchen sich wiederholenden Problemen siehst du dich in deinem Leben konfrontiert? Schau dir deine Familiengeschichte an. Sind deine Themen auch bei deinen Verwandten verbreitet, ganz gleich, ob sie noch leben oder schon tot sind? Untersuche deine gesundheitlichen Probleme, finanzielle Themen, Beziehungen, berufliche Wege, selbst Orte, an denen du leben magst. Was stellst du fest? Es ist in der Regel einfacher, die Ahnenreise bei deiner Familie zu beginnen. Doch wenn du keine offensichtlichen Verbindungen findest, dann schaue in deine vergangenen Leben. Mache das mit Hilfe von Meditation oder indem du zu einem Rückführungstherapeuten gehst. Es ist ein einfaches Verfahren, das viel bringt.

7. Vergebung. Wenn du in deiner Ahnenlinie etwas entdeckst, was dir negativ erscheint, ist Vergebung der Schlüssel. Was du findest, ist vielleicht nicht angenehm, vielleicht sogar quälend. Doch oft entdecken wir ein Geschenk in genau der Sache, die uns viel Kummer macht. Es kann sein, dass du eine Stärke findest, von der du nicht wusstest, dass du sie hast, oder dass du eine Qualität entwickelst, etwa Mitgefühl, die dir gefehlt hat. Bleibe neutral, egal, was du erfährst, und wisse: Jetzt ist die Zeit, diese Dinge über dich selbst oder deine Abstammungslinien zu entdecken. Warum? Damit du dir und deinen Vorfahren vergeben kannst. Vergebung heilt die Wunde – bei ihnen wie bei uns – über alle Generationen hinweg. Im Gegenzug kann das Erkennen einer inneren Stärke bei einem Vorfahren ein ungeheures Geschenk für deine gesamte Linie sein.

8. Genieße die Reise zu mehr Klarheit. Wenn du dich wirklich auf den Prozess, dich mit deinen Ahnen zu verbinden, einlässt, entdeckst du, dass Ahnen auf vielen verschiedenen Ebenen vorkommen und viele unterschiedliche Botschaften für dich haben… und irgendwie fühlt sich alles richtig an. Vielleicht bist du überrascht, so wie ich es war, Dinge über dich zu erfahren, die du nie vermutet hättest, während du – sowohl im Innen als auch im Außen – an Orte geführt wirst, von denen du nie gedacht hättest, einmal zu ihnen zu gelangen. Die Augenöffner passieren oft auf völlig fremdem Gebiet, wo du dich nicht auf deine gewohnten Reaktionen verlassen kannst.

9. Sei geduldig mit dir. In diesem Prozess geht es mehr um Zulassen als um Tun. Vergiss nicht, dass die Ahnen auf einer Ebene existieren, auf der es Zeit, wie wir sie kennen, nicht gibt. Außerdem nehmen sie auf der energetischen Ebene wahr, wie du mit ihren Enthüllungen und Anliegen klarkommst. Sei dir bewusst, dass sie dir nur so viel aufgeben, wie du zu einem bestimmten Zeitpunkt bewältigen kannst. Auch wenn du dich überfordert fühlst, wirst du damit umgehen können. Und wenn du das Gefühl hast, du kannst es nicht, dann hole dir professionelle Hilfe. Tatsächlich ist das manchmal genau das, was unsere Ahnen wollen, deshalb schubsen sie uns in diese Richtung.

10. Werde in der Welt aktiv. Frage dich: »Auf welche Weise kann ich am besten für das Wohl anderer und der Welt beitragen?« Das kann heißen, in deiner körperlichen, wirtschaftlichen oder sozialen Umgebung aufzuräumen, Ordnung zu schaffen. Denk daran, bei deiner Reise geht es nicht nur um dich. Das Heilen der Wunden unserer Ahnen hat Auswirkungen auf dein Leben, auf das Leben von jenen, die vor dir da waren, auf die Leben deiner Nachkommen und letztendlich auf das Leben der Welt… in allen Dimensionen.

AUF EINEN BLICK

- Das Ziel für uns alle ist es, ein bewusster Mensch zu werden, ganz und gar erwacht für alle Ebenen des Daseins.
- Glaube daran, dass du auf dem richtigen Weg bist, und setze Vertrauen in den sich entfaltenden Prozess.
- Werde dir der Ahnungen und Synchronizitäten in deinem Leben bewusst und wisse, dass die Ahnen dir helfen.
- Wenn du auf ihre Botschaften achtest und entsprechend *handelst*, werden ihre Hinweise mehr.
- Wir treten in eine Partnerschaft mit den Ahnen ein – eine heilige Verbindung des Heilwerdens – nicht nur für uns selbst und diejenigen in unseren Abstammungslinien, sondern letztendlich für das kollektive Unbewusste der Menschheit.
- Du bist dazu geschaffen, Erfolg zu haben.
- Dein Entschluss, den ersten Schritt zu tun, bringt dich auf deinen Weg.
- Die Ahnen beobachten uns und legen die Route fest, aber nur wir in der Realität der dritten Dimension – welche wir unser Leben nennen – können das Werk tun.
- Genieße die Reise. Sie ist kostbar. Sie ist der Weg des Herzens und der Liebe.
- Du wirst viele freundliche Seelen finden, die dir auf deinem Weg weiterhelfen, und Verwandte, von deren Existenz du nicht die geringste Ahnung hattest. Es mag sein, dass die Ahnen auf unterschiedlichste Weise mit dir in Verbindung treten. Du kannst sehen, hören oder spüren, was sie übermitteln wollen.
- Wie auch immer du sie empfängst, es geschieht auf *deine* Art. Entdecke deinen eigenen Weg.

WESTLICHES VERSUS INDIGENES DENKEN

Um mit unseren Ahnen zu kommunizieren, kann es hilfreich sein, sich altbewährte Methoden anzueignen und sie zu praktizieren; Methoden, die von indigenen Völkern seit Jahrtausenden erfolgreich angewandt werden. Letztlich müssen wir, um auf diesem Planeten wirklich schöpferisch zu sein, erkennen, dass jene Qualitäten, die hier unter »indigene Geisteshaltung« aufgeführt sind, in Wirklichkeit zu einem höheren, nicht zu einem niedrigeren Bewusstseinszustand gehören.

Westliche Geisteshaltung	Hawaiianische/Indigene Geisteshaltung
Natur muss erobert und benutzt werden	Das Land ist heilig
Natur ist passiv	Natur steht im Austausch mit Menschen
Individuelle Identität ist das Höchste	Innere Verbundenheit mit allen Wesen
Hindernisse sind Probleme	Hindernisse sind Prüfungen
Unabhängigkeit	Wechselseitige Abhängigkeit
Zeit ist linear: Vergangenheit – Gegenwart – Zukunft	Alles ist jetzt präsent, spiralförmiger Zeitverlauf
Leben und Zeit in Teile aufgespalten	Vernetzte Zyklen
Tun ist das Wichtigste	Sein ist das Wichtigste
Subjekt-Objekt-Beziehung	Umarmung der ganzen Existenz
Materielle Welt	Das Göttliche durchdringt alle Dimensionen
Entweder-oder-Denken	Sowohl-als-auch-Denken
Denken mit dem Verstand	Fühlen mit dem Herzen
In ein kulturelles, religiöses System passen	Weisheit erwerben auf eigene Weise
Mentales Lernen	Lernen durch Erfahrung
Auf Fakten ausgerichtet	Achtsamkeit in der Gegenwart
Kontrollieren und besitzen wollen	Gefühl von Ehrfurcht und Staunen
Nur Menschen werden respektiert	Alle Wesen werden respektiert

DANKSAGUNG

Ich bin mir sehr deutlich bewusst, dass ich Anfängerin bin, was die hawaiianische Kultur angeht. Obwohl diese Geschichte ein wahrer Bericht von allem ist, was ich auf Hawaii erlebt und gelernt habe, glaube ich, dass die Ahnen mich ausgewählt haben, *Die Hohen Wesen von Hawaii – Meine Begegnungen mit geistigen Ahnen* zu schreiben, weil das Ahnenthema eine universelle Bedeutung hat, nicht nur für Hawaiianer, sondern für uns alle. In tiefer Demut ob dieser Aufgabe kann ich nur anmerken, dass alle Fehler (sollten sie vorkommen) bei den hawaiianischen Begriffen oder ihrer Anwendung allein mir zuzuschreiben sind.

Ich stehe in tiefer Schuld so vieler Hawaiianer, die mir für diese Geschichte ihr Vertrauen schenkten: Serge Kahili King, der seit fünf Jahrzehnten die Huna-Weisheiten lehrt, danke ich für seine so großzügige Hilfe; ebenso meinem Freund und Bruder auf dem spirituellen Pfad, Kimokeo Kapahulehua, der den Mo'o und den Ahnen dient; Kale Hua, Ranger und Hüter in Pu'uhonua o Honaunau auf Big Island; und Danny Hoshimoto von Kauaiquest.com, der mich zu vielen heiligen Stätten führte, um den Ahnen zu begegnen. Als letztes möchte ich noch Jeanne Russell und Ann Marie Holmes danken, die mich nach Kauai einluden und mich mit dem 'Aina (dem Land) bekanntmachten.

Ich danke Nita Kay Alvarez für ihr mit Drachenaugen durchgeführtes Lektorat und ihre hilfreichen Ergänzungen in Bezug auf Karten und Diagramme. Herzlichen Dank an Merle Dulmadge, Werner Braun und Sonya Roy für ihre Verbesserungsvorschläge. Auch ein Dankeschön an Monika Bernegg für ihr gründliches Korrekturlesen und für die deutsche Übersetzung, mit nicht nur einer Änderung, sondern mit vielen, bis ich schließlich zu einem Ende gekommen bin. Ebenso danke ich Andreas Lentz und dem Team von Neue Erde, die mich dazu gebracht haben, tieferzugehen und auch meine nicht gestellten Fragen zu beantworten. Am meisten jedoch möchte ich dem Göttlichen dafür danken, dass es mir über eine Periode von mehr als vier Jahren so viele Herausforderungen durch die Ahnen und Gelegenheiten, mein Herz zu öffnen, geschenkt hat. Erst dadurch wurden die persönlichen Erfahrungen möglich gemacht, ohne die dieses Buch nicht hätte geschrieben werden können.

Ganz besonders dankbar bin ich Simon Goede, der mich beständig ermutigte und uns beiden während unseres Urlaubs genügend Zeit für magische Abenteuer ließ.

GLOSSAR HAWAIIANISCHER WÖRTER

'Aina Land, Erde

Ali'i herrschende Klasse, Männer *und* Frauen regierten; Adlige, Häuptlinge

Aloha Liebe, Zuneigung, Mitgefühl, Sympathie, Anmut, Gruß

'Aumakua Ahnen-Hüter von Familiengruppen

'Awa Wurzel der Kawa-Pflanze, durch Kauen oder Zerstoßen zubereitet: erzeugt einen narkotisierenden Trunk zur Entspannung; wird in Zeremonien als Opfergabe an die Götter verwendet

Ehu rothaarige oder -häutige Menschen (gilt nur für Hawaiianer), werden als besonders betrachtet

Els kamen in sehr früher Zeit von Sirius, um der Erde zu helfen, sich zu verdichten und mehr Wasser und Land zu schaffen

H göttlicher Atem des Lebens

Haole Fremde, normalerweise weiße Europäer

Honi traditionelle hawaiianische Begrüßung, bei der man seine Nase und Stirn aneinanderdrückt, während man sich in die Augen schaut und den Atem (Ha) teilt

Heiau alter hawaiianischer Tempel

Hula traditioneller Tanz von Hawaii

Huna etwas Unbestimmtes; esoterisches Wissen

Hune kleine Person; jemand, der arm ist (auf Tahitianisch)

Kahiki tahitianisches Wort, bedeutet »transformieren«; in der hawaiianischen Sprache gab es fünf Kahikis von aufsteigenden Ebenen, bis man im äußeren Weltraum war

Kahuna Priester, Zauberer, Magier, Schamane (weiblich/männlich)

King Kamehameha der Große eroberte alle hawaiianischen Inseln

Kakau Tattoo/Tätowierung

Kapu Tabu, heilig, nicht zulässig, verboten, kein Zutritt

Kikokilo eine Art Kahuna, der oder die die Zukunft vorhersagt

Konane ein Spiel, das dem Brettspiel Dame ähnelt

Ko'oko'o ein Wanderstab mit Schnitzereien

Kuhikuhi pu'uone eine Art Kahuna, legt die Orte fest, an denen Tempel gebaut werden

Kumu Lehrer, Modell, Experte auf einem Gebiet (weiblich/männlich)

Kupuna weiser Ältester, hochrangiger Repräsentant der lebendigen Vergangenheit, physisch und/oder spirituell (weiblich/männlich)

Laka Göttin der wilden Wälder, Schutzpatronin von Vegetation und Hula

Lapa'au eine Art Kahuna, der ein Heiler ist (weiblich/männlich)

Lei Girlande, Kette aus Blumen, Blättern, Muscheln, Elfenbein, Federn – wird als Symbol der Zuneigung verschenkt

Loko ia dieser Teich

Mana Lebenskraft; Macht, Autorität haben

Mano bedeutet auf hawaiianisch gewöhnlich Hai; ein gattungsmäßiges Wort für Tiere mit Zähnen, die in der Brandung schwimmen, eine große Rückenflosse und Lebendgeburten haben; Delphine sind hier mit eingeschlossen

Manahune tahitianisch – bedeutet Menschen der geheimen Kraft, weil *Mana* Macht oder Kraft bedeutet

Menehune legendäre Art kleiner Menschen, die nachts arbeiteten, Fischteiche anlegten, Straßen und Tempel bauten

Mo'o 'Aumakua Ahnen-Götter, die die Nachkommen vor Gefahr oder Zauberei beschützen, Krankheiten oder Wunden heilen und Verfehlungen vergeben; Hüter von Wasser, Flüssen, Teichen und Trinkwasserquellen; gecko-ähnliche Gestaltwandler, die in Gestalt eines etwa 3,5 – 9 m großen Wasserdrachen erscheinen können

Mo'okane ein anderer Name für Mo'o mit menschenähnlichen Körpern und echsenartigen Gesichtszügen, Hüter der Erde, verwandt mit dem großen Schöpfergott Kane

Mo'oku'auhau Genealogie, beschreibt die ineinandergreifenden Knochen der Wirbelsäule eines Mo'o

Mo'olelo Weiterentwicklung von Worten wie Mo'o-Wirbelsäule

Muumuu hawaiianisches bunt bedrucktes Kleid, kurzärmlig; in verschiedenen Längen

Namu eine Gruppe von Menehune; das Wort bedeutet »die Stillen«

Nawa »die Lauten, Geräuschvollen«, bezieht sich auf eine Art der Menehune

Nawao Riesen, die sich immer in der Wildnis befanden (auch eine Gruppe von Menehune)

'Ohana Familie, verwandtschaftliche Gruppe; kann Gemeinschaft von Hula-Tänzern, von guten Freunden bedeuten

Ohi a lehua rote bauschige Blüten des Ohia-Baumes (Myrtengewächs); wenn sie gepflückt werden, regnet es laut der Legende

Pele Vulkangöttin, Feuer ist einer ihrer Aspekte

Prana aus der vedischen Tradition, bedeutet Energie der Lebenskraft, die hawaiianische Entsprechung ist *Mana*

Peke/Epa'a Geister mit unterschiedlichen Charakteristiken

Tuatha de Danaan eine alte Rasse, übriggeblieben aus lemurischen Zeiten; Ahnen der Elementarwesen

Wahine Frau, weibliche Person

Waitaha ursprüngliche Rasse von Wesen, die vor den Maori in Neuseeland lebten; dazu gehören Polynesier, Feenwesen, Orientalen; keine hawaiianische Entsprechung

Wao Wildnis

WEITERFÜHRENDE LITERATUR

Englisch

Easter, Sandra, *Jung and the Ancestors*, London, Muswell Hill Press, 2016

Farmer, Steven, *Healing Ancestral Karma*, San Antonio, TX: Hierophant Publishing, 2014

Furlong, David, *Healing Your Ancestral Patterns*, Malvern, Worchestershire: Atlanta Books, 2014

Grimassi, Raven, *Communing with the Ancestors*, Newburyport, MA: Weiser, 2016

Hollis, James, *Hauntings*, Asheville, NC: Chiron Publications, 2013

Jacobs, A. J., It*'s A*ll Relative: Adventures up and down the World*'*s Family Tree, New York, Simon and Schuster, 2017

King, Serge Kahili, *Huna, Ancient Hawaiian Secrets for Modern Living.* New York, Atria Books, 2008

Lipton, Bruce, *Biology of Belief*, Hay House, CA: 2007

O'Sullivan and Graydon, *The Ancestral Continuum*, New York, Atria Books, 2013

Thomas, Ariann, *Healing Family Patterns*, 2011

Wesselman, Hank, *The Bowl of Light*, Boulder, CO: Sounds True, 2011

Zusätzliche Quellen

Ancestry.com, Wikitree.com, Familysearch.org for geneology and DNA testing

National Geographic Geno-2 for DNA testing

Deutsch

Ulrich Emil Duprée, *Ho'oponopono und Familienstellen: Beziehungen verstehen, in Liebe vergeben, Heilung erfahren*, Schirner, August 2015

King, Serge Kahili, *Huna: Der hawaiianische Weg zu einem erfüllten Leben*, Kamphausen Mediengruppe, Juli 2011

Linder-Hintze, Rebecca, *Das Erbe der Familie: Wie Sie blockierende Beziehungsmuster lösen*, Ariston, Sept. 2007

Lipton, Bruce, *Intelligente Zellen – Wie Erfahrungen unsere Gene steuern*, KOHA Verlag, 2016

Ruland, Jeanne & Shantidevi, *Aumakua – Segen und Potenzial unserer Wurzeln*, Schirner, 2013

Sykes, Bryan, *Die sieben Töchter Evas: Warum wir alle von sieben Frauen abstammen – revolutionäre Erkenntnisse der Gen-Forschung*, Bastei Lübbe, Feb. 2009

ÜBER DIE AUTORIN

Tanis Helliwell, M.Ed., ist die Gründerin des International Institute for Transformation (IIT). Das Institut bietet seit Januar 2000 Programme an, um Menschen darin zu unterstützen, bewusste Schöpfer zu werden, die in der Lage sind, mit den unsere Welt regierenden geistigen Gesetzen zu arbeiten. Tanis, als eine Mystikerin in der modernen Welt, bringt seit über 30 Jahren spirituelles Bewusstsein in die Mainstream-Gesellschaft.

Tanis ist die Autorin von *Elfensommer*, *Elfenreise*, *Erkenne deine Bestimmung*, *Mit der Seele arbeiten*, *Umarmt von der Liebe* und *Nicht ganz von dieser Welt.* Ihre DVDs *Elementals and Nature Spirits*, *Hybrids*, und *Spiritual Transformation: Journey of Co-creation* sowie ihre CDs zu den Inneren Mysterien, für Persönliches Wachstum und zur Selbstheilung bieten sich an als Hilfe für Menschen, die mit Elementarwesen und anderen fühlenden Wesen, die sich auf der Erde entwickeln, arbeiten möchten.

Tanis studiert und lehrt die inneren Mysterien und lebt an der Westküste Kanadas, nördlich von Vancouver. Seit ihrer Kindheit sieht und hört sie in höheren Dimensionen Elementarwesen, Engel und Meisterlehrer. Sie unterhielt dreißig Jahre lang eine therapeutische Praxis, um Menschen bei deren spiritueller Transformation zu unterstützen. Auch führte sie mehr als zwanzig Jahre lang Pilgerwanderungen und Touren zu heiligen Stätten auf der ganzen Welt durch, um die Erde zu heilen und die Transformation von einzelnen Menschen zu katalysieren.

Tanis Helliwell ist eine gefragte Top-Referentin, deren aufschlussreiche Erkenntnisse in einer Vielzahl von spirituellen Disziplinen Anwendung finden. Sie hielt Vorträge auf diversen Konferenzen, bei denen auch Rupert Sheldrake, Matthew Fox, Barbara Marx Hubbard, Gregg Braden, Fritjof Capra und Jean Houston auftraten. Zu diesen Konferenzen gehören: The Science and Consciousness Conference in Albuquerque, The World Future Society in Washington, D.C. und Spirit and Business

Konferenzen in Boston, Toronto, Vancouver und Mexiko-City. Außerdem trat Tanis in Findhorn, Hollyhock, bei A.R.E. Edgar Cayce und auf Alice Bailey Konferenzen auf.

Tanis arbeitet viel in Europa und pflegt die Zusammenarbeit mit Psychiatern, mit Heilern und mit anderen im medizinischen Bereich tätigen Menschen, um den ätherischen und astralen Körper zu reinigen mit dem Ziel, ein gesundes Bewusstsein zu entwickeln.

Wenn Sie Kontakt zur Autorin aufnehmen wollen oder zur Bestellung von Büchern, CDs und DVDs oder um Informationen zu Workshops zu erhalten, wenden Sie sich bitte an:

Tanis Helliwell
1766 Hollingsworth Rd.
Powell River, B.C., Canada V8A 0M4
E-mail: tanis@tanishelliwell.com
Websites: www.tanishelliwell.com/www.iitransform.com
www.facebook.com/Tanis.Helliwell
Deutsche Website: www.de.iitransform.com

BÜCHER

Elfensommer – Meine Begegnung mit den Naturgeistern
Elfenreise – Eine mystische Irlandfahrt mit den Naturgeistern
Erkenne deine Bestimmung – Schlüssel zur spirituellen Transformation der Menschheit
Mit der Seele arbeiten
Umarmt von der Liebe
Nicht ganz von dieser Welt – Von Elfenmenschen, Halbdrachen und anderen Hybriden

DVDs: (nur auf Englisch erhältlich)
1. Elementals and Nature Spirits
2. Hybrids: So you think you are human
3. Spiritual Transformation: Journey of Co-creation
4. Take Your Soul to Work
5. Managing the Stress of Change

CDs:

CDs 1 – 7: Vortrag + geführte Visualisierung:
1. Botschaft der Erde/Friede auf Erden
2. Das Körperelementarwesen/Heile deinen Körper
3. Die christlichen Mysterien/Auf den Spuren von Jesus
4. Die ägyptischen Mysterien/Einweihung in der Pyramide von Gizeh
5. Die griechischen Mysterien/Deine männlichen und weiblichen Archetypen
6. Die keltischen Mysterien/Die Suche nach dem Heiligen Gral
7. Vom Dunkel ins Licht – Wenn Unbewusstes bewusst wird

CDs 7 – 9: jeweils 2 geführte Visualisierungen:
8. Zusammenschluss der Weltendiener/Heilung der Erde
9. Negativität auflösen – in dir und in Beziehung zu anderen/Deine Lebensaufgabe
10. Meditation zur Energiebalance/Dein Lebensweg

Alle deutschsprachigen Bücher und CDs sind im Neue Erde Verlag erschienen und können überall im Buchhandel oder unter www.neue-erde.de bestellt werden.

Weitere Bücher in unserem Programm

Ein Quantensprung in unserer Beziehung zur Natur

Nachdem die Vorstellung, dass in der Natur unsichtbare Intelligenzen am Wirken sind, nicht mehr ganz so absonderlich erscheint, wie noch vor Jahren, ist jetzt die Zeit gekommen für dieses Buch, in dem uns einer vom elbischen Volk der Leprechauns erzählt, wie wichtig die Zusammenarbeit der Menschen mit den Naturgeistern ist. Leicht lesbar und auf unterhaltsame Weise bringt uns die Autorin Tanis Helliwell die Welt der Elfen, Devas und Elementale näher – und selbst Skeptiker werden ihr Vergnügen haben und ins Nachdenken kommen.

Tanis Helliwell
Elfensommer
Meine Begegnung mit den Naturgeistern
Ein Tatsachenbericht
Paperback, 224 Seiten
ISBN 978-3-89060-679-8

Eine »Pilgerfahrt« voller Überraschungen

Das zweite Buch von Tanis Helliwell, in dem sich die Naturgeister zeigen – wenn auch in einer für uns Menschen nicht immer sehr angenehmen Weise. Auf dieser Tour durch Irland stoßen die Leprechauns Tanis und ihre Gruppe mit ihrem Witz auf deren »blinde Flecken« und bringen sie immer wieder in das »Jetzt« – auch wenn nicht alle Reisenden das als besonders witzig empfinden. Doch letzten Endes ist es eine sehr lehrreiche Pilgerfahrt, auf der sich die große Weisheit der unsichtbaren Reisebegleiter offenbart. Wir Leser, vom Schalk der Naturgeister nicht betroffen, können uns bei der Lektüre bestens amüsieren – und dabei noch etwas dazulernen.

Tanis Helliwell
Elfenreise
Eine mystische Irlandfahrt mit den Naturgeistern
Ein Tatsachenbericht
Paperback, 208 Seiten
ISBN 978-3-89060-323-0

Nicht-menschliche Wesensanteile in sich entdecken

Immer mehr Menschen sind von der Existenz von »Naturgeistern« überzeugt, wie sie etwa Tanis Helliwell in ihrem Bestseller »Elfensommer« beschrieben hat. Aber gibt es auch »Hybriden«, Mischwesen aus Menschen und geistigen Entitäten? Dieses Buch liefert Informationen zu den am häufigsten vorkommenden Hybriden, darüber hinaus enthält es Geschichten der unterschiedlichsten Menschen, die von sich selbst glauben, ein bestimmtes Hybridwesen zu sein.

Tanis Helliwell
Nicht ganz von dieser Welt
Paperback, 176 Seiten
ISBN 978-3-89060-674-3

Einklang von spiritueller und materieller Arbeit

Auch wenn wir Erfolg im Beruf haben, bleibt oft eine gewisse Leere. Oder wir spüren wohl, was eigentlich unser Herzensanliegen ist, schaffen es jedoch nicht, es in unserem Berufsalltag umzusetzen. Erst wenn es uns gelingt, die oft sehr gegensätzlichen Bedürfnisse unserer Persönlichkeit einerseits und unserer Seele (oder unseres Höheren Selbst) andererseits zusammenzuführen, lassen sich Wohlstand und Seelenzufriedenheit finden. In diesem Buch finden Sie das notwendige Verständnis für die Zusammenhänge wie auch viele praktische Ratschläge, so dass Sie »mit der Seele arbeiten« können.

Tanis Helliwell
Mit der Seele arbeiten
Wie wir im Beruf Persönlichkeit und Seele »unter einen Hut« bringen
Paperback, 240 Seiten
ISBN 978-3-89060-554-8

Das *ganze* Leben der Bäume

Dieses Buch beschreibt die uralte tiefe Freundschaft zwischen Mensch und Baum. Es führt uns in das Innere der Körper der Bäume und erklärt, wie Bäume mit Hilfe von Licht kommunizieren. Und es führt uns zum Geist der Bäume, der in jeder Baumart eine andere Ausprägung annimmt. Kein anderes Buch behandelt Bäume in so umfassender Weise: Botanik, Ökologie und kulturelle Bedeutung von der Steinzeit bis heute. Von den Wäldern als Organen der planetarischen Lebenssysteme bis zu individuellen Baumporträts der bei uns heimischen Arten.

Fred Hageneder
Der Geist der Bäume
Eine ganzheitliche Sicht ihres unerkannten Wesens
Hardcover, 416 Seiten, mit Lesebändchen
ISBN 978-3-89060-632-3

Den Bäumen lauschen

Es gibt zwei Arten von Engeln: solche mit Flügeln und solche mit Blättern. Der jahrtausendealte Weg, Rat zu finden oder der Natur Danke zu sagen, führt in den heiligen Hain. Da heilige Haine jedoch selten geworden sind und selbst ehrwürdige einzelne Bäume in friedvoller Umgebung nicht immer leicht zu finden sind, wenn wir sie bräuchten, bieten wir hiermit ein Baumorakel an, das uns den Engeln der Bäume wieder näher bringen kann.

Fred Hageneder, Anne Heng
Das Baum-Engel-Orakel
Paperback, 112 Seiten,
36 farbige Karten 9,5 x 13,3 cm
ISBN 978-3-89060-677-4

Die verborgene Welt, die alles durchdringt

Auch wenn es uns nicht bewusst ist: Wir leben alle im Reich der Elementarwesen. Immer und überall durchdringen sie unsere Seele. Die ganze Welt um uns herum ist von Elementarwesen durchseelt. An allem, was in der Natur geschieht, sind Elementarwesen beteiligt. Auch unsere Innenwelt, die Welt unserer Gefühle und Gedanken, besteht aus Elementarwesen. In fast allen Lebenslagen haben wir es mit Elementarwesen zu tun.

Die Elementarwesen der Natur warten sehnlichst darauf, von uns Menschen bewusst ergriffen zu werden. Ihre zukünftige Existenz ist von uns abhängig. Es geht um die Rettung der Elementarwesen.

Thomas Mayer
Rettet die Elementarwesen
Paperback, 192 Seiten
ISBN 978-3-89060-517-3

Man kann mit Elementarwesen arbeiten!

Das Buch »Rettet die Elementarwesen!« endet mit dem Ausblick: »Ich habe die Zukunftsvision, dass das Leben mit Elementarwesen wieder kulturelles Allgemeingut unserer Zivilisation wird.« So weit ist es zwar noch nicht, es ist hingegen überaus erstaunlich, wie viele – auch »normale« – Menschen schon heute mit Natur- oder Elementarwesen zusammenarbeiten. Mit dreizehn von Ihnen hat Thomas Mayer Gespräche geführt, so ein breites Spektrum an Möglichkeiten darstellend. – Wir alle können davon profitieren, wenn wir diese Reiche wieder in unser Bewusstsein integrieren.

Thomas Mayer
Zusammenarbeit mit Elementarwesen
13 Gespräche mit Praktikern
Paperback, 224 Seiten
ISBN 978-3-89060-560-9

NEUE ERDE im Buchhandel

Neue Erde ist ein kleiner unabhängiger Verlag, und der unabhängige Buchhandel ist unser natürlicher Partner. Wir unterstützen die Initiative »buy local«.

Sollte es Lieferschwierigkeiten bei den Büchern von NEUE ERDE geben, lassen Sie immer im VLB (Verzeichnis lieferbarer Bücher) nachsehen, im Internet unter **www.buchhandel.de**

Alle lieferbaren Titel des Verlags sind für den Buchhandel verfügbar.

Auch mobil können Sie, zum Beispiel mit LChoice, unsere Bücher beim örtlichen Buchhändler kaufen.

Sie finden unsere Bücher auch auf unserer Homepage **www.neue-erde.de** oder in unserem Gesamtverzeichnis, welches Sie gerne hier anfordern können:

NEUE ERDE GmbH
Cecilienstr. 29 · 66111 Saarbrücken
info@neue-erde.de